Paradise Regained
Paraíso Reconquistado

John Milton

Paradise Regained
Paraíso Reconquistado

Ilustrações

William Blake

Tradução

Guilherme Gontijo Flores

(coordenação)

Adriano Scandolara

Bianca Davanzo

Rodrigo Tadeu Gonçalves

Vinicius Ferreira Barth

Título original em inglês: *Paradise Regained*

ISBN: 9786557480151

EDITORA DE CULTURA LTDA.
Rua Baceúnas, 180
03127-060 – São Paulo – SP – Brasil

Telefone: (55 11) 2894-5100
atendimento@editoradecultura.com.br
www.editoradecultura.com.br

Segunda edição: março de 2022
Impressão: 5ª 4ª 3ª 2ª 1ª
Ano: 26 25 24 23 22

Dados Internacionais de Catalogação na Publicação (CIP)
(Elaboração Aglaé de Lima Fierli - CRB-9 nº 412)

M 612p Milton, John, 1608-1674.
Paraíso reconquistado : edição bilíngue (português-inglês) / John Milton ; ilustração William Blake ; tradução Guilherme Gontijo Flores ... [et al.]. - [2. ed.] - São Paulo : Editora de Cultura, 2021.
304 p. : il. ; 23 cm

Tradução de: Paradise regained
ISBN 9786557480151

1. Poesia inglesa. I. Blake, William. II. Flores, Guilherme Gontijo. III. Título.

21-71830 CDD-821
CDU: 82-1(410.1)

Camila Donis Hartmann - Bibliotecária - CRB-7/6472
02/07/2021 02/07/2021

Índice para Catálogo Sistemático
Poesia inglesa : séc. XVII 821
Poema épico : Literatura inglesa : séc. XVII 821

SUMÁRIO

INTRODUÇÃO

Guilherme Gontijo Flores (UFPR)
Adriano Scandolara
Vinicius Ferreira Barth

VIDA E OBRA

John Milton nasceu em Londres a 9 de dezembro de 1608, segundo filho de John Milton Sênior e Sara Milton (nascida Sara Jeffrey). Seu pai, que havia abandonado a fé católica pelo protestantismo e por isso fora expulso de casa quando jovem, trabalhava como escrivão e também foi compositor, autor de mais de vinte peças musicais. Sua boa situação financeira permitiu que Milton recebesse o que havia de melhor na educação da época: primeiro em casa, com tutores particulares; depois, sendo matriculado na St. Paul's School, aos doze anos, em 1620; e, por fim, no Christ's College, em Cambridge, em 1625, onde começou a escrever seus poemas em latim (os chamados *poemata*), italiano e em inglês. Além desses idiomas, a educação do poeta também lhe rendeu domínio sobre o francês, o grego e o hebraico. Dentre os poemas escritos nesse período em Cambridge, destacam-se o famoso "On the Morning of Christ's Nativity" (1629), no qual se encontram em germe muitos dos temas que Milton viria a desenvolver mais tarde – como o triunfo obtido pelo cristianismo sobre o paganismo, a dupla natureza de Jesus e o seu heroísmo pela humilhação voluntária –, e o primeiro poema publicado, "On Shakespeare", composto em 1630 e incluído no *Second Folio* shakespeariano (1632), ao lado de outros poemas de louvor à obra deste bardo.

Milton quis estudar para se tornar pastor, a princípio, mas acabou desistindo da ideia por razões que permanecem desconhecidas. Alguns indícios desses motivos talvez estejam em um de seus tratados em prosa, *The Reason of Church-governement* (1642), e há sugestões de que eles podem estar relacionados à influência negativa do Arcebispo da Cantuária, William Laud, que estabeleceu e pôs em prática severas regulamentações eclesiásticas e religiosas. Outro possível motivo que o afastou do sacerdócio foi o fato de que, após se formar em Cambridge, recebendo o diploma de Bacharel de Artes (1629) e Mestre em Artes (1632), Milton se retirou para a casa dos pais em Hammersmith, e depois em Horton, possivelmente para cuidar deles, que já estavam idosos, quando seus dois outros irmãos não podiam fazê-lo: Anne, a mais velha, por ter ficado viúva em 1631, com dois filhos, e Christopher, o mais novo, porque se encontrava estudando no Christ's College. Até que sua mãe, Sara, falece em 1637.

O poeta passou, então, sete anos na casa da família, tempo que dedicou a se aprofundar em seus estudos e a escrever. É desse período que datam outros de seus poemas famosos, como o par dialético "L'Allegro" e "Il Penseroso" (1631), a mascarada[1] "Comus" (1634) e a elegia pastoral "Lycidas", dedicada a seu amigo, o poeta Edward King, falecido em agosto de 1637, ano de composição do poema que foi publicado no seguinte. Todos esses poemas, incluindo os *poemata* latinos e outros compostos pouco mais tarde, foram publicados posteriormente no volume de 1645 intitulado *Poems of Mr. John Milton, Both English and Latin*, uma edição cuja variedade de tom, assuntos e gêneros poéticos explorados – incluindo a paráfrase bíblica, o soneto, a *canzone*, a mascarada, a elegia pastoral, a epístola, a ode inglesa, o epigrama, o poema obituário e o verso de ocasião – serve de atestado da erudição e do domínio de Milton sobre a forma poética. Suas principais influências foram sobretudo Virgílio e Ovídio, em latim, e, em inglês, Edmund Spenser.

---

[1] *Mascarada*: divertimento de origem italiana, constituído de cenas ou números alegóricos, mitológicos ou satíricos, que incluía música polifônica e dança e era representado por personagens mascarados. Shakespeare escreveu um interlúdio do tipo mascarada em *A Tempestade*, que, segundo eruditos modernos, foi muito influenciada pelos textos de mascarada de Ben Jonson e as decorações de Inigo Jones. [N. E.]

Ao final desses sete anos, Milton, então com 29, empreendeu uma viagem de quinze meses pela Europa, principalmente Itália e França, período em que conheceu diversas figuras importantes, como o jurista Hugo Grócio, Galileu – já velho, cego e condenado à prisão domiciliar pela Inquisição – e Giovanni Batista Manso, que serviu de mecenas para os poetas Torquato Tasso e Giambattista Marini, e em cuja homenagem Milton escreveu o poema "Mansus". Apesar de sua oposição protestante ao catolicismo, o poeta manteve uma relação amistosa com os católicos, incluindo o próprio Manso, e aproveitou sua estadia em Florença para admirar obras de arte sacra que serviram de inspiração à sua poesia religiosa posterior.

De volta à Inglaterra em 1639, Milton então se dedica a educar e criar os filhos de sua irmã, John e Edward Phillips; e se envolve cada vez mais com as questões políticas do país, enquanto a Guerra Civil Inglesa eclodia em 1642, mesmo ano em que se casou com Mary Powell, sua primeira esposa. Os problemas que o casal enfrentou no casamento são uma possível motivação por trás da defesa de Milton do direito ao divórcio em textos como *The Doctrine and Discipline of Divorce* (1643): Mary se separou dele para voltar a morar com os pais pouco depois de se casarem, mas os dois se uniram novamente em 1645 e permaneceram juntos até ela falecer em 1652, pouco depois do parto de sua filha Deborah e no mesmo ano em que o poeta perdeu sua visão (tema do soneto "When I Consider How My Light is Spent"). Milton se casou de novo em 1656 com Katherine Woodcock, que morreu em 1658 junto com a filha do casal, também chamada Katherine. Para esta segunda esposa falecida, o poeta escreveu "Methought I saw my late espoused Saint". Depois, se casou ainda com Elizabeth Minshull, em 1663, que veio a ser sua viúva. Dois dos filhos de Milton morreram na infância, um menino (John, com sua primeira esposa) e uma menina (Katherine), em 1652 e 1658, respectivamente; mas ele teve três filhas com Mary Powell: Anne, Mary e Deborah; com as quais viveu relações conturbadas.

Durante as décadas de 1640 e 1650, Milton deixou a poesia de lado para escrever tratados e panfletos políticos, lidando com questões pertinentes ao período, que se relacionavam aos conflitos entre a Igreja Anglicana e os grupos reformistas, como os puritanos, e entre a monarquia e o parlamento – disputas nas quais Milton assumiu posicionamento favorável ao puritanismo e ao *Lord Protector* Oliver Cromwell e oposto à monarquia, especialmente ao governo absolutista de Carlos I. Um de seus textos mais importantes deste período foi o *Areopagitica* (1644), no qual defende o direito à liberdade de imprensa – que, assim como o direito ao divórcio, só viria a ser garantido pelo governo inglês muito posteriormente. Seu apoio e envolvimento políticos lhe renderam, a partir de março de 1649, o cargo de Secretário de Línguas Estrangeiras (Secretary for Foreign Tongues) sob o governo Cromwell, após a execução pública de Carlos I no começo do mesmo ano. No entanto, Milton acabou preso mais tarde, quando o rei Carlos II foi restaurado ao trono em maio de 1660, após a morte de Cromwell em 1658 e o fracasso de seu filho em manter o poder. Milton acabou sendo multado e preso no outono do mesmo ano em que se deu a restauração, mas foi liberado pouco antes do natal.

A essa altura, cego e destituído de seu cargo público, Milton decidiu voltar a escrever poesia – apesar de não ter abandonado de todo os gêneros do panfleto e do tratado político e religioso, que continuou escrevendo até sua morte. Por causa da cegueira, ele foi obrigado a recorrer ao auxílio de amanuenses para realizar suas obras posteriores, compondo os versos mentalmente e depois recitando-os para que eles os anotassem.

Assim Milton compôs o seu poema mais famoso, *Paradise Lost* (*Paraíso Perdido*), publicado pela primeira vez em dez livros (cantos) em 1667, depois revisado e publicado novamente em 1674, então reestruturado em doze livros, numa edição que incluía também um pequeno poema explicando o porquê do uso do verso branco (numa época em que a maioria dos poemas longos era composto em dísticos rimados) e notas introdutórias escritas pelo seu amigo e também poeta, Andrew Marvell. *Paraíso Perdido*, de certo modo, combinava dois de seus anseios, possivelmente nutridos havia muito tempo: o de compor uma obra épica – que Milton planejava fazer, a princípio, tomando como base as lendas em torno do ciclo arturiano – e o de dramatizar a narrativa bíblica da criação e queda da humanidade, projeto este concebido inicialmente como uma peça de teatro, que teria o título de *Adam Unparadised* (*Adão Desparadizado*). A narrativa encontrou continuação mais tarde, com o epílio, mais breve (com 2.070 versos, uma fração dos mais de dez mil do *Paraíso Perdido*), intitulado *Paradise Regained* (*Paraíso Reconquistado*), uma reescritura em quatro livros do episódio bíblico da tentação de Jesus no deserto, publicado em 1671 junto com *Samson Agonistes* (*Sansão Agonista*), uma peça dramática, também em versos brancos, representando o episódio do Antigo Testamento da captura de Sansão. Com sua saúde debilitada por ter desenvolvido gota, John Milton veio a falecer em 8 de novembro de 1674, pouco após a publicação da segunda edição do *Paraíso Perdido*.

A obra de Milton foi extremamente influente. Sua produção política foi importante para as revoluções americana, francesa e russa, utilizada para argumentar contra o monarquismo e o absolutismo – em tempos mais recentes, *Areopagitica*, por exemplo, chegou até mesmo a ser citado em casos jurídicos de liberdade de imprensa pela Suprema Corte dos Estados Unidos. Poeticamente, Milton foi reconhecido não muito tempo após a publicação de suas obras derradeiras e mais importantes. Vinte e dois anos depois de sua morte, William Hayley escreveu uma elogiosa biografia sobre ele, e o seu *Paraíso Perdido* recebeu louvores tanto do crítico Samuel Johnson (ainda que com ressalvas, em parte por questões políticas, em parte por Milton ter sido responsável, segundo Johnson, por inspirar muitas obras em verso branco de poetas ruins), quanto de John Dryden, que, apesar de ter visões políticas opostas às de Milton (chegando, inclusive, a se tornar poeta laureado do governo de Carlos II), tanto admirou o épico que escreveu um libreto para uma ópera baseada nele, chamada *The State of Innocence*, publicado em 1677, embora nunca viesse a ser encenada, por falta de partitura.

Entre outros admiradores posteriores estão Alexander Pope, Voltaire e boa parte dos românticos, de William Wordsworth e William Blake a Shelley e Keats –

a influência do seu *Paraíso Perdido* pode ser especialmente observada em poemas como *The Prelude*, de Wordsworth, "Hyperion" e "The Fall of Hyperion", de Keats, e *Prometheus Unbound*, de Shelley (ao passo que o seu "Lycidas" fornece moldes também à elegia de Shelley para a morte de Keats, "Adonaïs"). De todos, William Blake (1757-1827) é talvez o seu maior admirador, já que chegou a compor o poema épico-visionário intitulado *Milton*, que o tem como protagonista. É dele também que temos uma das declarações mais famosas sobre o poeta, no seu *O casamento do céu e do inferno*: "A razão pela qual Milton se refreou quando escreveu sobre Anjos & Deus, e livremente quando falou de Demônios & Inferno, é porque ele era um verdadeiro Poeta e do partido do Demônio sem sabê-lo".[2] Blake ainda fez uma série de ilustrações tanto para o *Paraíso Perdido* quanto para o *Paraíso Reconquistado*, sendo as deste reproduzidas nesta edição. No Brasil o nome de John Milton não era desconhecido, e o rol dos românticos de nossa tradição influenciados por esse grande poeta inglês inclui nomes como Gonçalves Dias, Castro Alves e Joaquim de Sousândrade.

---

[2] BLAKE, William; LAWRENCE, D. H. *Tudo que vive é sagrado*. Tradução de Mário Alves Coutinho. Belo Horizonte: Crisálida, 2010.

O modernismo inglês, porém, passou a vê-lo com maus olhos, encontrando detratores sobretudo nas figuras influentes do acadêmico F. R. Leavis, do poeta, tradutor e crítico Ezra Pound e, com ele, também de T. S. Eliot. Pound, em diversos ensaios críticos, bem como no seu *ABC da Literatura*, reclama do estilo miltoniano, sobretudo daquilo que ele enxerga como a latinização forçada do inglês, uma crítica que encontra eco na de Eliot à artificialidade da sua linguagem. Já Leavis, na formação do cânone da disciplina acadêmica da literatura inglesa, o deixa furtivamente de fora da lista. Felizmente, o posicionamento modernista tem sido questionado pelo menos desde a década de 1960, e Milton não só vem retornando aos debates literários como parece permanecer mais popular do que nunca. As referências ao *Paraíso Perdido* na cultura *pop* do século XX são claro indício disso.

Em português, há uma edição mais corrente do *Paraíso Perdido* traduzida por António José de Lima Leitão, publicada no século XIX e reeditada várias vezes ao longo do século XX. Outra tradução, menos conhecida (e que usamos aqui para todas as citações do *Paraíso Perdido)*, é a do visconde de São Lourenço, Francisco Bento Maria Targini, também publicada no século XIX, em 1823, mas que desde então jamais foi reeditada (um projeto que já iniciamos e em breve será lançado por esta mesma editora). Além disso, mais recentemente no Brasil, em 2008, foi publicada uma edição dos *Poemata: Poemas em Latim e Grego*, na tradução de Erick Ramalho (Editora Tessitura). O seu *Sansão Agonista*, porém, bem como outros poemas menores publicados no volume *Poems*, de 1645, permanecem sem tradução. Assim, a presente edição do *Paraíso Reconquistado* pretende dar mais um pequeno passo para diminuir a lacuna da presença de John Milton em português.

Apesar de não ser tão grandiloquente quanto o *Paraíso Perdido* – cuja proposta, como aponta o autor nos versos de abertura, e nada menos do que "justificar a lei de Deus aos homens", abrangendo a narrativa da criação do mundo, da rebelião e queda de Satã, da criação de Adão e Eva e sua queda, tentados por Satã –, e talvez por isso também não tão popular, o *Paraíso Reconquistado* é crucial justamente por suprir uma necessidade teológica de fechamento daquilo que é deixado em aberto pelo poema que o antecede. Se, segundo o cristianismo, a queda de Adão e Eva condena a humanidade ao pecado e à morte, a encarnação e o martírio de Jesus a redimem; e, ainda que o poema não trate de representar diretamente os acontecimentos da Paixão, o diálogo de

Jesus com aquele que o tenta – o enfoque central da obra sendo esse tipo de duelo verbal entre os dois, enquanto Satã se esforça repetidamente para fazê-lo cair em tentação ao longo dos 40 dias no deserto –, deixa evidente que sua ascese e devoção são suficientes para o que virá a ser exigido dele. Assim, Milton fornece uma conclusão positiva ao acontecimento trágico cuja atmosfera melancólica tinge os versos finais do épico e redefine o seu ideal de heroísmo, de um conceito guerreiro clássico – tal como manifestado nas lendas arturianas, a que Milton planejava dar corpo ainda na juventude e que encontra eco na representação de um Deus-Filho poderoso no *Paraíso Perdido* (vide a cena da expulsão dos anjos rebeldes no livro VI) – para um de singeleza, humildade e sacrifício, mais condizente com os ideais do autor de virtude da fé.

A TRADUÇÃO COLETIVA COMO EXERCÍCIO DE AUTOESVAZIAMENTO

A tradução de textos literários em grupo, sobretudo poesia, não é uma prática muito comum, e isso não só em língua portuguesa. No caso deste *Paraíso Reconquistado*, trata-se de um coletivo de cinco pessoas, e por isso é preciso revelar antes alguns pontos sobre o nosso método de tradução, especialmente no que diz respeito ao estilo e à manutenção de uma unidade estilística, bem como algumas posições teóricas adotadas.

Em primeiro lugar, o contexto desta criação: no bacharelado em tradução do curso de Letras da Universidade Federal do Paraná (UFPR), no curso de uma disciplina sobre o *Paraíso Perdido*, de John Milton, ministrada por Guilherme Gontijo Flores, surgiu a ideia de uma tradução – poética – deste seu outro *paraíso*. Seria um experimento coletivo, como um exercício com pretensões poéticas de recriação dos efeitos miltonianos, numa inter-relação entre professor e alunos que abolisse a típica hierarquia acadêmica. Assim, os 2.070 versos que compõem o poema foram divididos igualmente entre os cinco membros do grupo, a princípio individualmente, mas seguindo alguns critérios preestabelecidos e definidos de comum acordo:

> – O metro utilizado para traduzir os pentâmetros jâmbicos do original foi o decassílabo, sáfico ou heroico, mas, de qualquer modo, evitando-se sílabas tônicas em posição de 5ª ou 7ª, a fim de ser produzido um efeito semelhante ao dos pés jâmbicos da língua inglesa.

– A equivalência entre versos é de um para um, de modo que o resultado final foi, pontualmente, 2.070 versos.

– Neologismos, preciosismos e jogos de palavras foram autorizados, desde que com alguma parcimônia (ex.: "circunvolto", "virginato", "dedirradiante"), a fim de replicar o vocabulário miltoniano, conforme iremos comentar adiante. Também foi autorizada a criação de palavras paroxítonas de duas sílabas para adjetivos de três, como "glório" e "bárreo" em vez de "glorioso" e "barroso".

– De modo semelhante, concedemo-nos liberdade para distorcer a sintaxe conforme necessário, na medida em que a sintaxe de Milton é também problemática, mesmo para falantes nativos do inglês.

– Contrações como "p'ra", "co'ele(a)" "'spírito" em vez de "para", "com ela", "espírito" foram permitidas, conquanto que não utilizadas em grande número em sequência, do mesmo modo como Milton "ganha" sílabas a mais em sua versificação através de contrações do "*–ed*" de verbos no passado, bem como de palavras como *Heaven* ("Heav'n") etc.

– Diversas edições foram consultadas para o estabelecimento do texto-base original, sobretudo a de Merritt Hughes (1957), e na versão em português optamos pelas seguintes modificações gráficas: inserções de aspas para indicar as falas e uso de maiúsculas apenas para nomes próprios ou de maior relevância (como "o Pai", "Céu", "o Filho", "a Virgem", etc.), em oposição ao uso liberal de maiúsculas, conforme a moda ortográfica da época.

Feitas as traduções individuais, a partir desses critérios, foram organizados encontros semanais com todos os membros do grupo, durante um período de seis meses, para a revisão dos trechos traduzidos. Com essas revisões coletivas, procuramos verificar a presença de problemas de métrica e corrigi-los, comparar o sentido do original com o do texto traduzido, a fim de evitar desvios de tradução – especialmente os originários de uma possível falha de compreensão do texto miltoniano –, e buscar de toda forma deixar o texto o mais unívoco e eufônico possível.

Vários trechos foram revisados múltiplas vezes, conforme se fez necessário, por conta das dificuldades oferecidas. A abertura do poema, por exemplo, foi provavelmente o mais revisto e reelaborado, pela importância que têm os primeiros versos na poesia em geral, e também por dificuldades como a necessidade de manter as palavras "obediência", "desobediência" e "perdido", o que fornecia pouca margem para manobras métricas. No segundo semestre de 2010, conseguimos, assim, traduzir e revisar todo o poema, terminando as notas no começo de 2011.

Por fim, o título foi uma questão polêmica. Apesar de esta ser a primeira tradução poética em língua portuguesa feita diretamente do original[3] da qual se tem notícia até os dias de hoje, sabemos que a tradição em português denomina o poema *Paraíso Reconquistado*. "Regained", no entanto, poderia ser melhor – mais adequadamente – traduzido, por "reganho", "recobrado" ou "reencontrado", e este último foi o título que a princípio pensamos em dar à tradução – não sem um certo gosto de contrariar a tradição – especialmente porque a palavra "conquista" parecia fora de lugar num poema que é muito menos bélico do que seu antecessor. Mas uma leitura mais profunda, como é a que se dá ao se traduzir um texto, trouxe "reconquistado" de volta ao gosto do grupo. O verso "Winning by conquest what the first man lost/ By

[3] Temos conhecimento apenas da tradução em prosa do padre José Amaro da Silva, intitulada *Paraíso Restaurado*, feita a partir de uma edição francesa, publicada primeiramente em 1789, com nova edição em Lisboa datada de 1830. [N. E.]

fallacy surpriz'd",[4] apesar de criar uma assimetria entre o verbo usado (*conquest*) e o verbo do título, também teve seu peso na decisão. O que se dá, efetivamente, embora não seja uma batalha real, é uma batalha espiritual, e a vitória do Filho sobre Satã representa a vitória da alma humana contra o pecado, o que permite sua redenção e a queda, novamente, de Satã. O Paraíso é, então, efetivamente, *reconquistado*.

Pois bem, como já dissemos, a tradução literária em grupo é algo incomum. Mesmo traduções a quatro mãos são raras. Um exemplo recente é o volume de traduções de Percy Bysshe Shelley, *Sementes Aladas*, dos professores John Milton e Alberto Marsicano (2010), e mesmo nele houve divisão de tarefas – no caso, como revelado no prefácio, o prof. Milton traduziu, priorizando o sentido, o significado do texto, e Marsicano o "poetizou", isto é, acrescentou as rimas nos fins dos versos, fazendo as devidas mudanças necessárias para acomodá-las.

Por isso, pode parecer estranho que dez mãos tenham se reunido para a tarefa em comum (ou incomum) de traduzir um texto bastante negligenciado de um poeta clássico e canônico como Milton. O risco maior é evidente: cada tradutor tem um *background* específico, formações e repertórios espe-

[4] "Conquistando o que o outro homem perdera/ Pela falácia." (I vv. 154-5).

cíficos (apesar de estarmos todos ligados à UFPR, atuamos em várias áreas), experiências e ritmos de trabalho diferentes. Desse modo, deixados à própria sorte, diversos tradutores provavelmente produzirão textos muito díspares – não necessariamente em "qualidade", mas no que diz respeito às suas características textuais, como manipulação da sintaxe, vocabulário e, se tratando de poesia, como é o caso aqui, métrica. O resultado poderia acabar sendo uma colcha de retalhos.

Em alguns casos, esse pode ser um efeito desejável. A tradução francesa mais recente (2004) do romance *Ulysses*, de James Joyce, por exemplo, emprega ao todo oito tradutores. Porém, mesmo quem apenas folhear o livro há de perceber que o próprio Joyce fez questão de compor o texto como uma espécie de colcha de retalhos, incluindo capítulos que empregam desde formas folhetinescas (Nausícaa) até o teatro (Circe), passando por uma mistura de pastiches de toda forma literária da língua inglesa (Gado do Sol). Nesse caso, a disparidade de estilo é um efeito válido. Mas isso não ocorre sempre. No caso de um poeta como John Milton, cujo estilo – especialmente no modo épico em que foram escritos *Paraíso Perdido* e *Paraíso Reconquistado*[5] – é bastante marcado e, em certa medida, unívoco, tal fragmentação seria, a nosso

[5] Daqui em diante, trataremos *Paraíso Perdido* e *Paraíso Reconquistado* pelos acrônimos *PP* e *PR*, respectivamente, seguidos pelos números dos cantos e versos.

ver, descabida. Por isso, medidas foram tomadas para evitá-la, mas, mais do que simplesmente expor o método assumido aqui, pensamos ser mais válido apontar para um processo psicológico maior em operação por trás da atividade de tradução em grupo.

Em oposição à prosa literária, a poesia, em geral, tende a uma monovocalidade, ao desenvolvimento de uma voz única com um estilo específico. Essa noção aparece no teórico russo Mikhail Bakhtin, e é empregada por Cristóvão Tezza[6] na elaboração de um aparato teórico capaz de lidar com as diferenças principais entre a prosa e a poesia – diferenças que vão além dos recursos de métrica e rima que a poesia moderna aboliu como definidoras do texto poético.[7] Por oposição, o prosador tem de lidar com um caos de vozes diferentes, ligadas a consciências diferentes, cada qual com seus valores, referências e ideologias, e em diálogo umas com as outras (TEZZA, 2003, p. 233). Na prática, isso significa que o mundo inteiro cabe num romance: desde pensamentos e diálogos a cartas, documentos e listas – e se lermos algo como *Vida: Modo de Usar*, de Georges Perec, veremos que esses gêneros textuais mundanos compõem, ali, boa

[6] Em sua tese de doutorado, que foi mais tarde publicada sob o título *Entre a prosa e a poesia: Bakhtin e o formalismo russo.*

[7] Caetano Waldrigues Galindo também se vale dessa distinção entre monovocal e plurivocal para tratar, em sua tese de doutorado, da prosa literária em *Ulysses*, de James Joyce. Não foi por acaso que este tenha sido o romance citado anteriormente como exemplo.

parte do romance. É claro que a poesia moderna, como sabemos, aceita também, em algum grau, essa incorporação do mundano, mas o modo como ele passa a ser interpretado num poema é quase sempre diferente do da prosa. No momento em que o texto de uma notícia de jornal ou carta é apropriado pelo poema, ele mesmo se torna poesia e passa a ser lido como tal, inserido no sistema de significação do contexto da obra do poeta.

No entanto, muito na contramão disso, o gênero da épica clássica é bastante restritivo. Primeiro porque, como a tragédia, é um gênero "elevado", no qual só cabem temas, personagens e situações nobres. A linguagem, assim, deve ser igualmente nobre, tanto em métrica quanto em vocabulário. O que é dito o é conforme o estilo estabelecido ou não pode ser dito de modo algum. Na tragédia grega de Atenas, na antiguidade, como observa Edith Hall (1997, pp. 122-3), o resultado é que a forma da poesia confere uma expressividade incomum aos personagens de estratos marginalizados da sociedade, como mulheres, escravos e estrangeiros, que, na vida real, dificilmente poderiam se expressar como os cidadãos aristocratas de Atenas.

O contexto histórico de Milton é outro, mas os modelos clássicos permanecem muito em voga até o final do século XVIII. Em *PP* e *PR*, Deus, Satã e Adão, bem como o narrador, falam todos por meio de pentâmetros jâmbicos, metro típico da literatura inglesa e mais ou menos equivalente ao nosso decassílabo, que assumimos nesta tradução. No teatro elisabetano, em contraposição, apesar de a maioria das peças serem escritas em versos, dramaturgos como Shakespeare, Marlowe e Heywood se permitem alternar entre o pentâmetro jâmbico, a prosa e os metros mais breves da canção popular, conferindo-lhes usos conforme a necessidade. Se Milton tivesse composto o seu *PP* conforme sua vontade a princípio, de fazê-lo no formato do drama, talvez a distinção verso-prosa lhe fosse útil para marcar formalmente a separação entre as falas de personagens elevados, como Deus e os anjos, e as falas de personagens mais baixos, como Satã e Adão, especialmente o Adão pós-queda. Como isso não ocorre na épica, e Milton dificilmente arriscaria uma tal inovação, inserindo trechos em prosa no meio de um poema, o resultado é o mesmo já comentado por Hall acerca da tragédia ateniense: a desgraça que recai sobre Satã, sua derrota descrita no primeiro canto, reveste-se de tons elevados, e, à primeira leitura, não é difícil confundi-lo com uma espécie de herói. O mesmo efeito não se daria se Milton o expressasse de tal modo que a linguagem correspondesse à baixeza e à degeneração que ele efetivamente apresenta nos cantos posteriores (NICOLSON, 1964, pp. 186-190).

É claro que, ao afirmarmos, como Tezza (2003, p. 233), que um estilo é *monovocal*, não estamos dizendo que ele seja *monótono*, que um mesmo estilo não permita variações. Nos seus recursos poéticos mais elementares – como a métrica – vemos que a poesia inglesa permite desvios, como pode ser observado em vários sonetos de Shakespeare em que um verso se inicia com um troqueu (pé métrico composto de uma sílaba tônica seguida de uma breve) no lugar do jambo esperado, o que reveste o verso desviante de um significado extra. Assim, no meio dos tons épicos do *Paraíso Perdido*, temos um trecho que poderia ser isolado como um epitalâmio, uma exaltação, de inspiração visivelmente elegíaca, ao amor conjugal entre Eva e Adão, antes da queda:

Here Love his golden shafts employs, here lights
His constant lamp, and waves his purple wings,
Reigns here and revels; not in the bought smile
Of harlots, loveless, joyless, unendeared,
Casual fruition; nor in court-amours,
Mixed dance, or wanton mask, or midnight ball,
Or serenate, which the starved lover sings
To his proud fair, best quitted with disdain.

These, lulled by nightingales, embracing slept,

And on their naked limbs the flowery roof

Showered roses, which the morn repaired. Sleep on,

Blest pair; and O! yet happiest, if ye seek

No happier state, and know to know no more.

[*PP* IV, vv. 763-775]

Tu empregas somente os farpões de ouro,

E o facho teu jamais apagar deixas,

Pois co'as cândidas asas os despertas;

Em ti a suma existe dos prazeres

Que nos risos venais se não encontram,

Nem nos frívolos gozos passageiros

De torpes meretrizes, que não sabem

O que é amor, ou são merecimento

Que inspirar deva um laço verdadeiro;

Nem das cortes se formam nas intrigas,

Ou nos tumultos férvidos das danças,

Ou debaixo da máscara dos bailes

E das orgias ínvidas noturnas;

Ou numa serenata que oferece,

De frio enregelado, louco amante

À dama tão soberba como bela,

De quem sábio fugir ele devia.

Dos rouxinóis ao canto doce e meigo

Adão e Eva dormiram abraçados.

De rosas um chuveiro matutino,

Que produzia ali a madrugada,

Da abóbada florida então descendo

Seus membros cobre nus alvejantes.

Dorme ditoso par, e mais ditoso

Se um mais feliz estado não quisesses,

Nem saber inda mais o que ora sabes!

[trad. Targini]

E, logo a seguir, temos o retorno do tom épico, para dar continuidade à narrativa:

Now had night measured with her shadowy cone

Half way up hill (...)

[*PP* IV, vv. 776-7]

Já o cone da noite triste opaco

Medido tinha dela o meio curso (...)

[trad. Targini]

Assim, a "noite com seu cone umbroso" funciona de forma semelhante à imagem da "aurora com seus dedos de rosa" em Homero, sendo uma representação mítica das transições entre noite e dia, formalmente semelhante, inclusive, à fórmula clássica, tal como também aparece em *PP* VI vv. 2-3:

"Morn [...] with rosy hand" ("A Aurora [...] com rósea mão"). O uso de vocabulário dos versos seguintes com os Querubins em vigília noturna ("night watch"), armados ("stood armed") em desfile marcial ("warlike parade"), então, parece confirmar esse tom bélico que o poema volta a assumir. É claro, no entanto, que essas variações temáticas não representam exatamente inovações sobre o modelo épico, uma vez que há muitas cenas que poderíamos descrever como líricas na própria *Ilíada*, como a da sedução de Zeus por Hera.

Do mesmo modo, parece, às vezes, que o estilo do texto de Milton se torna mais convoluto, especialmente nas falas de Satã:

(...) I have not lost
To love, at least contemplate and admire,
What I see excellent in good, or fair,
[*PR* I, vv. 379-381]

(...) e não perdi
O amor, contemplo, admiro pelo menos
O que no bem vejo excelente, ou justo,
How would one look from his Majestic brow,

Seated as on the top of Vertue's hill,
Discount'nance her despis'd, and put to rout
All her array; her female pride deject,
Or turn to reverent awe?
[*PR* II, vv. 216-220]

(...) do cenho seu, magnânimo,
Ao cume da virtude, como alguém
Com desdém a veria, seus arreios
Lançados à ralé, recusa o orgulho,
Ou se volta em louvor?

No entanto, em ambas as obras, também há momentos em que Deus se expressa de modo tortuoso:

(...) Him who disobeys,
Me disobeys (...)
[*PP* V, vv. 611-2]

Quem desobedecer-lhe intente ousado,
A mim desobedece
[trad. Targini]

'This is my Son belov'd, in him am pleas'd.'
[*PR* I, v. 85]

'Eis meu Filho amado, nele alegro.'

Mesmo o Filho tem momentos de obscuridade locutória:

What from without comes often to my ears,
Ill sorting with my present state compar'd.
[*PR* I, vv. 198-200]

O que de fora chega aos meus ouvidos,
Ao meu presente estado incomparáveis.

By winning words to conquer willing hearts,
And make persuasion do the work of fear;
At least to try, and teach the erring Soul
Not wilfully mis-doing, but unware
Misled: the stubborn only to subdue.
[*PR* I, vv. 222-6]

Vencer na voz os peitos venturosos,
E que a persuasão suceda ao medo;
Ou prove, e ensine as almas andarilhas
Não por vontade errando, mas incautas
Desgarradas: domar só os pertinazes.

Mee worse then wet thou find'st not;
[*PR* IV, v. 486]

"Não me verás mais que encharcado;

E o narrador é igualmente responsável por inversões estranhas de sujeito e objeto:

Him thought, he by the Brook of Cherith stood
[*PR* II, v. 266]

Supôs-se então às margens do Querite,

Vemos que a variação de dificuldade do estilo miltoniano é um recurso interessante; no entanto, não basta para, sozinho, dar vozes distintas aos personagens. Isso é feito de modo mais sutil, por exemplo, através dos recursos retóricos mais predominantes na fala de Satã do que na de Jesus, como pode ser observado nas cenas finais do poema, em que, após uma ardilosa fala de nove versos de Satã, Jesus responde simplesmente com "Tempt not the Lord thy God." ("Não tentarás o Senhor teu Deus", *PR* IV v. 561). Isso, no entanto, ainda está previsto pela permissibilidade de variação do estilo.

É evidente o quão problemático é definir algo como "dificuldade", considerando nosso próprio estatuto de falantes nativos de português brasileiro do século XXI. Por isso, tomamos como exemplos de dificuldade apenas trechos em que a sintaxe de Milton se revela convoluta a ponto da quase agramaticalidade, o que é especialmente visível em contraste com poetas contemporâneos seus, como John Dryden e Andrew Marvell. Isso se dá, presumivelmente, por conta da influência do latim, língua que o poeta estudou a fundo e na qual chegou a compor vários poemas durante a juventude. O poeta, crítico e tradutor modernista Ezra Pound chega a comentar, em vários de seus ensaios, a sintaxe altamente latinizada de Milton (POUND, 1968, pp. 216, 237-8, 287), embora seus comentários sejam negativos, na medida em que vê essa latinização da sintaxe como algo ruim – demonstrando um desdém especial pela frase citada antes "Him who disobeys/ me disobeys". Não devemos levar tão a sério o julgamento de valor de Pound, especialmente considerando que o próprio T. S. Eliot, companheiro de modernismo e editor do seu volume de ensaios, relativiza a radicalidade desses julgamentos no prefácio (*ibid.*, p. xii-iii). As preocupações principais de Pound eram os poetas que ele julgava formalmente revolucionários (como Safo, Villon e os provençais), a formação de jovens poetas e a revitalização da métrica inglesa através da destruição do que há de mais básico nela – no caso, o pentâmetro jâmbico. E assim acaba por desdenhar, além de Milton, também Virgílio e Camões (*ibid.*, p. 215). Mas, seja qual for o veredito sobre a habilidade de

Milton, permanece o fato de que o latim é uma influência marcante sobre o seu estilo, como podemos observar nos exemplos dados de sintaxe tortuosa, mais tortuosa, inclusive, do que a média da sintaxe de poesia de língua inglesa da época.

O vocabulário também apresenta marcas desse contato íntimo com o latim. Em ambos os poemas (*PP* e *PR*), não são raras as palavras não só de origem latina, mas de sentido etimologicamente latino: *interdict* (de "inter" + "dicere", "proibir", mas a palavra tem um sentido restrito em inglês para atos de proibição conforme a lei romana e da Igreja Católica); *conversant* (de "conversari", "associar-se"); *obloquy* ("ob" + "loquor", "falar contra"); *obtrude* ("ob" + "trudere", "meter contra"); *promotion* ("pro" + "movere", "elevar"); *timorous* (de "timeo", "temer"); *interveined* ("inter" + "venare", "entremarcar com veias") etc. Milton ainda parafraseia o latim em versos como "For where no hope is left is left no fear." ("Pois, se não há esperança, não há medo", *PR* III v. 206), referente à expressão *nec spe nec metu* (sem esperança, sem medo); e subverte usos comuns de palavras como *taste*, que aparece tanto com o sentido usual de "provar, saborear", quanto com o de "examinar" (*PR* II v. 131), como no seguinte verso:

Thir taste no knowledge works, at least of evil,

[*PR* II, v. 371]

Nenhum saber traz seu sabor, nem mal,

Milton, inclusive, opera um trocadilho em latim entre as palavras *sapere* e *sapor* – "saber" e "sabor", respectivamente, felizmente fácil de ser mantido em português –, ambas baseadas na palavra *sapio* que abarca as duas acepções. Sobre esse trocadilho, podemos dizer, baseia-se todo o tema da queda do homem, e está presente também no *PP*:

Eve, now I see thou art exact of taste,
And elegant, of sapience no small part,
[*PP* IX, vv. 1017-1018]

Agora eu vejo, ó Eva, que possuis
Um gosto assaz sublime e delicado
E não pouca porção de sapiência,
[trad. Targini]

Marjorie Hope Nicolson (1964, pp. 324-6), no entanto, afirma que o estilo entre os dois poemas varia bastante, e que o *Paraíso Reconquistado* é muito mais simples, muito mais fácil, que o *Perdido*. O grau dessa variação nos versos em si é difícil de mensurar objetivamente, em especial porque a impressão dada pelo todo dos poemas é de uma grande variação – uma comparação que, no que diz respeito ao julgamento de valor, para o *PR* pode ser, como foi para Nicolson, desvantajoso. *PP* lida com temas grandiosos, de um modo grandioso – narra uma grande batalha (embora breve) e uma grande queda (ou, melhor, duas grandes quedas) e constrói mundos de estranha arquitetura: o Céu acima, etéreo, o Inferno abaixo, semelhante à Terra, mas privado da luz divina, a Terra em momento pré-queda, e o Caos incompreensível no meio. *PR*, em oposição, é uma narrativa de ascese, da tentação de Jesus por Satã no deserto e sua resistência. Satã não se degenera, não se transforma, como em *PP*, mas se apresenta pronto, tal como no final do grande épico, ardiloso e vil. Não há mundos estranhos e metafísicos, nem batalhas que não as verbais. Mas a diferença de grandiosidade entre as duas obras é um efeito gerado em macroescala, uma impressão geral, não decorrente apenas do estilo, tal como pode ser notado no funcionamento íntimo dos versos.

Isso pode ser observado analisando-se a abertura de ambos os poemas. *PP* se inicia com 84 versos do narrador antes de Satã ter a primeira fala, dentre os quais 26 pertencem à invocação à musa e ao argumento de todo o poema, como é da tradição épica, e 58 descrevem longamente a situação de Satã e seus companheiros derrotados no Inferno, uma descrição emocionalmente pesada, de tom trágico evidenciado pelo uso vocabular: *horrid crew* ("turba hórrida"), *doom* ("perdição"), *lost happiness* ("perdida felicidade"), *lasting pain* ("dor duradoura"), *baleful eyes* ("olhos funestos"), *huge affliction and dismay* ("enorme aflição e desalento"), *sights of woe* ("visões de mágoa"), *doleful shades* ("vultos pesarosos") etc.

Em contraposição, apesar de ser Satã também quem no *PR* tem a primeira fala após o narrador, isso acontece apenas depois de 44 versos, dos quais dezessete pertencem à invocação, quinze à descrição do batizado de Jesus e onze à reação de Satã. Nota-se que não é um poema mais breve meramente por ter menos conteúdo a narrar, mas sua brevidade é generalizada na medida em que tudo ocorre de modo mais rápido. Também é compreensível que a brevidade se justifique narrativamente por conta da atmosfera a ser criada: *PP* livro I é sombrio, trágico e lamentoso, e tal efeito não se sustentaria se a descrição fosse breve. Já *PR* I é radiante e jubiloso, se assemelhando, assim, mais ao livro III de *PP*, em que se tem a narrativa dos acontecimentos no Céu, e o narrador precisa de apenas 24 versos para descrever a situação de Deus no seu trono empíreo ao lado do Filho, observando a viagem de Satã. Então, quando falamos de um estilo miltoniano, é preciso deixar claro que essa faceta de luz e júbilo faz parte da composição do *PP*, embora seja quantitativamente menos presente do que a de sombras e lamentos, e também aparece na composição do *PR*. Assim, é difícil afirmar que *PR* não pertença ao mesmo estilo, pelo menos em contraposição a seus poemas mais curtos, de outros gêneros poéticos, como "Lycidas" ou "L'Allegro" e "Il Penseroso". É um estilo; épico, no entanto, *desinflado* por uma suavização de seus aspectos negativos.

Feitas essas considerações sobre o estilo, podemos começar a pensar sobre a tradução de *Paraíso Reconquistado* em si.

Por que, afinal de contas, falar em autoesvaziamento?

Não é recente a metáfora do tradutor como servo de dois mestres, representados, no caso, tanto pela língua e o texto de origem quanto pela língua e o público do texto de chegada. E isso significa o acarretamento de algumas responsabilidades para o tradutor. Primeiro que, apesar de ele, no ato tradutório, estar produzindo um texto próprio, de sua autoria, sobre um texto alheio, há algumas liberdades que ele não pode tomar, ou pelo menos não pode tomar sem temer a rejeição do público. Alguém que traduza Shakespeare, por exemplo, por mais que possa fazê-lo em prosa ou versos metrificados, de 10 ou 12 sílabas, brancos ou rimados ou até em oitava rima, se desejar, não pode produzir uma versão de *Hamlet* em que Hamlet e Ofélia permaneçam vivos no final e se casem, ou, pelo menos, não pode fazê-lo e chamar o resultado de uma "tradução". É-lhe, então, vedada a possibilidade de atuar sobre elementos em macroescala como o enredo ou personagens. Mesmo no século II a.C. em Roma, Terêncio já sofria com acusações do público de cometer *contaminatio* – a mescla de uma ou mais peças tomadas do original grego para produzir outra, latina –, de que ele se defende no prólogo de suas peças (HUNTER, 2011, p. 50).

Outra renúncia que o tradutor faz é uma espécie de abdicação ao renome literário. O cânone reconhece, por exemplo, a presença de Dostoiévski, Tolstói e Tchekhov, mas não a de Constance Garnett, uma das primeiras tradutoras da literatura russa do século XIX para o inglês. Há, claro, algum renome, mas ele permanece restrito aos atuantes da área da tradução literária, como paradigma que outros tradutores devem tentar imitar ou superar. E essa é uma rivalidade que existe, de fato, especialmente no campo da tradução de poesia, como indica o prof. John Milton (2004) ao comentar a abundância de traduções de Shakespeare, Baudelaire e Poe para o português como "território aberto em que tradutores desafiam e emulam traduções anteriores". Ao cânone, à ideia de *Weltliteratur* (literatura universal), no entanto, a não ser que esses tradutores sejam também críticos e autores ou de algum modo incorporem a tradução como parte de uma produção artística maior, permanece-lhes negada a entrada.

Tal é, muito resumidamente, a situação do tradutor, no que diz respeito àquilo de que ele abdica. Pode parecer melancólico, de um ponto de vista como o que Susana Lages sustenta em *Walter Benjamin: Tradução & Melancolia* (2002, pp. 35-7), na medida em que ocorre a autodepreciação do tradutor por conta da sombra que o autor original lança sobre sua identidade.

E, assim, chegamos ao tema do autoesvaziamento: é necessário algum grau de esvaziamento do ego de um autor para que ele faça as renúncias ao renome canônico e à liberdade de alteração de macroelementos textuais, do mesmo modo como um ator precisa suprimir sua própria personalidade para representar um personagem que seja diferente de si mesmo.

Isso vale para o que diz respeito tanto às emoções quanto à ideologia. Um ator que seja incapaz de se desprender de suas próprias convicções e das emoções a que sua personalidade está acostumada será, senão um mau ator, ao menos um ator muito limitado.

Verificamos que a metáfora, então, é fortuita, mas, mais do que isso, a noção pode ser aplicada para todo o ato de leitura. O ato de dar voz está intimamente ligado ao ato de dar ouvidos. Quando um leitor se põe a ler a obra de alguém, ele está se abrindo a alguém que não é ele mesmo, e que pode ter personalidade e convicções muito diferentes das suas. E a experiência estética aqui, promovida pela literatura, pode servir como um importante modo de atravessar essas barreiras. Assim, Dante Alighieri, um católico, e Milton, um protestante – que, por sinal, leu Dante –, leram Virgílio, um pagão; e Percy Shelley, um ateu, além de ter lido e traduzido Dante, debruçou-se com afinco sobre Milton.

O autoesvaziamento, então, se relaciona com aquilo que o tradutólogo Antoine Berman (2001, p. 18) define como uma visada ética da tradução. Como ele diz, o que faz a tradução se aproximar mais da ciência que da arte é a responsabilidade que ela traz consigo. Tradutores, críticos, resenhistas, editores, todos são aquilo que o estudioso belga André Lefevere (2008, p. 17) chama de "reescritores", e que, assim, são responsáveis pela propagação e manipulação da fama literária de um determinado autor. Isso porque são eles que criam a imagem que esse autor projeta através não de grandes alterações sobre o texto, mas pela atuação na seleção de textos (visto que raramente um autor é introduzido numa cultura através da tradução de sua obra completa) e na operação sobre as sutilezas do texto. Podemos dar um exemplo miltoniano do processo:

Satan exalted sat, by merit raised
To that bad eminence; (...)
[*PP* II, vv. 5-6]

Lima Leitão traduz este trecho da seguinte forma:

Com toda a pompa real Satã se assenta,
Por sua criminosa heroicidade
Colocado em tão hórrida eminência.
[*PP* II, vv. 4-7]

A introdução da palavra "heroicidade", assim, subverte levemente o texto original e colabora para uma interpretação romântica (em voga na época em que Leitão faz sua tradução) de Milton que tendia a ver Satã como uma forma de herói em *PP*. Lembremos, então, da declaração célebre de William Blake, n'*O casamento do céu e do inferno*, citada antes.

Tal interpretação, no entanto, se revela difícil de ser sustentada nos dias de hoje, pelo menos desde a primeira metade do século XX, quando Nicolson escreve o seu comentário sobre o *PP*, apontando claramente para a degeneração de Satã ao longo do épico. A interpretação romântica beira o absurdo, então, sob a nova perspectiva fornecida pelo *PR*, que dá o fechamento, em tom positivo, do enredo, pela possibilidade de redenção do ser humano. E é esse tom positivo que desautorizaria essa possibilidade de interpretação, portanto, do poema, visto que, se adotássemos um ponto de vista satânico, por conta de sua nova queda, seria de se esperar um tom trágico como o do começo de *PP* I.

Esse "desvio" – se podemos assim chamá-lo – da tradução, como lembra Lefevere (2008, pp. 67-8), não é obra de uma malevolência subjacente do tradutor, ou de um desejo manifesto de subverter a religiosidade em Milton, mas decorre de uma interpretação pessoal que a própria época possibilitava. E isso representa mais uma instância em que a tradução em grupo é preferível: por mais que um texto autorize múltiplas interpretações, nem todas poderão ser fixadas no momento de produção do texto final traduzido. Lima Leitão fez uma escolha baseada sobre um ponto de vista comum da época, porém, a predominância desse ponto de vista não significa que ele fosse o único. Percy Bysshe Shelley, por exemplo, no seu prefácio a *Prometeu Desacorrentado*, embora reconheça o aspecto heroico em Satã, o considera falho, em comparação com a figura de Prometeu, por apresentar "máculas da ambição, inveja, vingança e desejo por engrandecimento pessoal" (SHELLEY, 2007, pp. 206-7). Isso mostra o caráter pessoal do ato tradutório e o quanto uma escolha deve ser feita. Por isso – e pela concisão mais miltoniana – preferimos a solução de Targini:

> Satanás eminente se assentava,
> por ser mais criminoso mais alçado,
> [*PP* II, vv. 6-7]

No caso da tradução coletiva, em que todos os tradutores exercem o mesmo poder democrático de escolha, a interpretação mais provável de ser fixada no texto final há de ser a mais popular entre o grupo todo, e não aquela que mais agrada as sensibilidades de um só tradutor. Obviamente, isso não nos isenta de seguir as tendências do contexto histórico em que estamos inseridos, mas nos permite relativizar mais e pôr em discussão os pontos de vista disponíveis dentro desse contexto.

Nessa suavização do subjetivo que ocorre entre o ato interpretativo e o ato tradutório (entre a leitura e a produção do texto final), repousa o autoesvaziamento, a ascese – palavra que, dentro do contexto miltoniano do *PR*, se revela profundamente significativa. *PR* é um poema ascético, narrando o exercício de Jesus no deserto, em jejum e abstinência não só de comida, mas de tudo o que Satã lhe oferece: comida, poder, riqueza. Através da própria abstenção do ego, da vontade de marcar o texto estilisticamente como sendo "seu", opera a tradução coletiva.

Mas isso não significa apagamento ou transparência. Transparência é um conceito explorado por Henri Meschonnic, Antoine Berman e Lawrence Venuti como um fenômeno que se dá quando se impõe que o tradutor seja invisível e que o estranhamento do texto original seja suavizado até se obter uma familiaridade acomodada, quando se nega que ele é um indivíduo inserido historicamente e que a tradução é um produto cultural (LAGES, 2002, p. 75), produzindo, assim, um texto final etnocêntrico, que Berman chama "má tradução". O que gera esse apagamento não é a ascese do ego, mas o contrário disso, a autoridade que se incute sobre o texto, como a imposição da legibilidade, por exemplo. Esta aplaina textos que oferecem, estilisticamente, dificuldades de compreensão, e pode, assim, apagar autor e tradutor na cultura de chegada, por conta do medo da rejeição do público a um texto visto como difícil. Autoritário é quem não se abstém do próprio poder.

O resultado pode ser observado no texto final. O trecho citado anteriormente "This is my Son belov'd, in him am pleas'd" (*PR* I, v. 85) é uma reescritura de Mateus 3:17 – "This is my beloved Son, in whom I am well pleased.", na Bíblia King James –, porém, adaptado para o estilo miltoniano, com todas as suas tortuosidades, como o ocultamento do sujeito (muito estranho para a língua inglesa), a inversão (algo normal em poesia) de nome e adjetivo e a quebra de um período com oração subordinada em duas orações com sujeito, verbo e complemento. Por contraposição, a Bíblia Almeida, em português, diz: "Este é o meu

Filho amado, em quem me comprazo", que aqui vertemos como: "Eis meu Filho amado, nele alegro.", que mantém algo próximo da estranheza do original.

Outra vantagem da tradução a dez mãos foi a atenção redobrada dada a citações bíblicas, jogos de palavras e posições importantes de palavras em fim de verso, que poderiam se perder na tradução individual, como nos seguintes exemplos.

Citações bíblicas:

'Hale highly favour'd, among women blest';
[*PR* II, v. 68]

'Salve, cheia de graça entre as mulheres!'

The first of all Commandments, Thou shalt worship
The Lord thy God, and only Him shalt serve;
[*PR* IV, vv. 176-7]

No primo mandamento, Venerar
Senhor teu Deus, e a Ele só servir;

Enjambements estratégicos:

For what he bids I do; though I have ***lost***
Much lustre of my native brightness, ***lost***
To be belov'd of God, I have not ***lost***
To love, at least contemplate and admire
What I see excellent in good, or fair
[*PR* I, vv. 377-81, grifos nossos]

O que ele ordena eu faço. Mas **perdi**
Luxos do antigo lustro, pois **perdi**
De por Deus ser amado, e não **perdi**
O amor, contemplo, admiro pelo menos
O que no bem vejo excelente, ou justo,

Jogos de palavras e trocadilhos:

To warm him wet return'd from field at ***Eve,***
[*PR* I, v. 318, grifo nosso]

P'ra aquecê-lo ao voltar d'área long**eva**,

And saw the ***Ravens*** *with their horny beaks*
Food to Elijah bringing Even and Morn
Though ***ravenous,*** *taught to abstain from what they brought:*
[*PR* II, vv. 267-9, grifos nossos]

E viu **corvos** trazendo, em córneos bicos,

Pão, noite e dia, a Elias, que apesar

De **curvado** de fome, soube abster-se:

*Much ostentation vain of **fleshly arm***

*And **fragile arms**, much instrument of war*

[*PR* III, vv. 387-8, grifos nossos]

"Muita ostentação vã de **carnais palmas**

e **frágeis parmas**, várias armas bélicas,

Means I must use, thou say'st, prediction else

*Will **unpredict** and fail me of the Throne:*

[*PR* III, vv. 394-5, grifo nosso]

Devo usar meios, dizes tu, senão

Desprediz-se o predito, e o trono falha-me:

*To tempt the **Son** of God with terrors dire.*

*And now the **Sun** with more effectual beams*

Had chear'd the face of earth, and dry'd the wet

[*PR* IV, vv. 431-3, grifos nossos]

P'ra com terror tentar o Divo Filho.

E agora o **sol** com raios mais vibrantes

Conforta o **sal** da terra e seca o orvalho

Por fim, com a atividade da tradução coletiva, acreditamos ter conseguido um modo rápido e eficaz de traduzir um poema longo e complexo, valendo-nos da disciplina do bacharelado em tradução para recriar em português a estranheza do estilo miltoniano e manter seu apelo estético.

Cabe aos leitores, agora, julgar se obtivemos sucesso.

Paradise Regained
Paraíso Reconquistado

John Milton

PARADISE REGAINED

THE FIRST BOOK

I, Who erewhile the happy Garden sung,
By one mans disobedience lost, now sing
Recover'd Paradise to all mankind,
By one mans firm obedience fully tri'd
5 Through all temptation, and the Tempter foil'd
In all his wiles, defeated and repuls't,
And Eden rais'd in the wast Wilderness.
Thou Spirit, who ledst this glorious Eremite
Into the Desert, his Victorious Field
10 Against the Spiritual Foe, and broughtst him thence
By proof th' undoubted Son of God, inspire,
As thou art wont, my prompted Song else mute,
And bear through highth or depth of natures bounds,
With prosperous wing full summ'd to tell of deeds
15 Above Heroic, though in secret done,
And unrecorded left through many an Age,
Worthy t' have not remain'd so long unsung.
Now had the great Proclaimer with a voice
More awful then the sound of Trumpet, cried
20 Repentance, and Heavens Kingdom nigh at hand
To all Baptiz'd: to his great Baptism flock'd

PARAÍSO RECONQUISTADO

PRIMEIRO LIVRO

Eu, que há pouco o feliz Jardim cantei,
Perdido em desobediência, canto
Aos homens recobrado Paraíso,
Provada a obediência de outro homem
Por toda a tentação, o Tentador 5
Frustrado em seus ardis, vencido e expulso,
E o Éden ressurgido em vasto ermo.
Tu, 'spírito que guias glório Ermita
No deserto, vitorioso campo,
Contra o espírito Imigo, e lá provaste 10
O inquestionável Divo Filho, inspira,
Como sóis, o meu novo canto, ou mudo,
Leva por alto ou baixo ou nos limites,
Com asa próspera e madura, e narra
Os feitos mais que heroicos, mas secretos, 15
Por várias eras sempre imemorados;
Que injusto é tanto tempo sem ter canto.
Já o grande Anunciador, com voz terrível
De trombeta, clamava por remorso,
Por que o Reino dos Céus viesse junto 20
Aos Batizados: trouxe ao grão Batismo

With awe the Regions round, and with them came
From Nazareth the Son of Joseph deem'd
To the flood Jordan, came as then obscure,
25 Unmarkt, unknown; but him the Baptist soon
Descri'd, divinely warn'd, and witness bore
As to his worthier, and would have resign'd
To him his Heavenly Office, nor was long
His witness unconfirm'd; on him baptiz'd
30 Heaven open'd, and in likeness of a Dove
The Spirit descended, while the Fathers voice
From Heav'n pronounc'd him his beloved Son
That heard the Adversary, who roving still
About the world, at that assembly fam'd
35 Would not be last, and with the voice divine
Nigh Thunder-struck, th' exalted man, to whom
Such high attest was giv'n, a while survey'd
With wonder, then with envy fraught and rage
Flies to his place, nor rests, but in mid air
40 To Councel summons all his mighty Peers,
Within thick Clouds and dark ten-fold involv'd,
A gloomy Consistory; and them amidst
With looks aghast and sad he thus bespake.
O ancient Powers of Air and this wide world,
45 For much more willingly I mention Air,
This our old Conquest, then remember Hell
Our hated habitation; well ye know
How many Ages, as the years of men,

Sublime as cercanias, co'eles veio
O filho de José, de Nazaré
Ao rio Jordão, e veio obscuro, incógnito
E anônimo; mas por divino anúncio 25
Desvelou-o Batista, em testemunho
Do seu valor, e a ele quis ceder
Seu cargo celestial: seu testemunho
Logo se confirmou; feito o batismo,
Abriu-se o Céu, e em forma duma pomba 30
O Espírito desceu, e a voz do Pai
Do Céu anunciou seu caro Filho.
Aquilo ouvindo o Adversário, ainda
No mundo à solta, não tardou à célebre
Assembleia, mas pela diva voz 35
Foi quase fulminado: àquele excelso,
A quem foi dada uma alta prova, olhou
Maravilhado, e então co'inveja e raiva
Voa ao seu posto e, em pleno ar, sem pouso
Convoca os fortes pares a conselho, 40
Em grossas nuvens, circunvolto em breu,
Um turvo consistório; e em meio a eles
Horrorizado e triste, assim falou:
"Ó, poderes do vasto mundo –
Pois com mais júbilo refiro ao Ar, 45
Nossa velha conquista, que ao Inferno,
Habitação odiosa – bem sabeis:
Por tantas eras quanto em anos vive

This Universe we have possest, and rul'd
50 In manner at our will th' affairs of Earth,
Since Adam and his facil consort Eve
Lost Paradise deceiv'd by me, though since
With dread attending when that fatal wound
Shall be inflicted by the Seed of Eve
55 Upon my head, long the decrees of Heav'n
Delay, for longest time to him is short;
And now too soon for us the circling hours
This dreaded time have compast, wherein we
Must bide the stroak of that long threatn'd wound,
60 At least if so we can, and by the head
Broken be not intended all our power
To be infring'd, our freedom and our being
In this fair Empire won of Earth and Air;
For this ill news I bring, the Womans seed
65 Destin'd to this, is late of woman born,
His birth to our just fear gave no small cause,
But his growth now to youths full flowr, displaying
All vertue, grace and wisdom to atchieve
Things highest, greatest, multiplies my fear.
70 Before him a great Prophet, to proclaim
His coming, is sent Harbinger, who all
Invites, and in the Consecrated stream
Pretends to wash off sin, and fit them so
Purified to receive him pure, or rather
75 To do him honour as their King; all come,

O homem, temos o Cosmo e governamos
A Terra e seus assuntos livremente, 50
Dês que Adão e sua doce esposa Eva
Enganados perderam o Paraíso,
E espero desde então a fatal chaga
Que sobre mim pela semente de Eva
Virá. E há muito as leis do Céu demoram, 55
Pois o mais longo tempo a Ele é curto;
E agora a nós tão cedo as horas rondam
Neste momento horrendo em que aguardamos
O golpe do jurado ferimento,
Se pudermos ao menos, esmagada 60
A fronte, sem ofensa ao poder nosso,
A nossa liberdade e nosso ser
Manter no belo Império de Ar e Terra;
Pois árduas novas trago, que a semente
Da mulher já nasceu, predestinada. 65
Não causa pouco medo o seu nascer,
Mas seu crescer à plena flor do viço,
Co'honra, sabedoria e graça para
Excelsos feitos, multiplica o medo.
Antes dele, um profeta enviado 70
Como anunciador de sua chegada,
A todos convidando, na corrente
Consagrada lavar pecados finge
E os purga, para que o recebam puros
E como Rei o honrem; vieram todos 75

And he himself among them was baptiz'd,
Not thence to be more pure, but to receive
The testimony of Heaven, that who he is
Thenceforth the Nations may not doubt; I saw
80 The Prophet do him reverence; on him rising
Out of the water, Heav'n above the Clouds
Unfold her Crystal Dores, thence on his head
A perfect Dove descend, what e're it meant,
And out of Heav'n the Sov'raign voice I heard,
85 'This is my Son belov'd, in him am pleas'd.'
His Mother then is mortal, but his Sire
He who obtains the Monarchy of Heav'n,
And what will he not do to advance his Son?
His first-begot we know, and sore have felt,
90 When his fierce thunder drove us to the deep;
Who this is we must learn, for Man he seems
In all his lineaments, though in his face
The glimpses of his Father's glory shine.
Ye see our danger on the utmost edge
95 Of hazard, which admits no long debate,
But must with something sudden be oppos'd,
Not force, but well couch't fraud, well-woven snares,
E're in the head of Nations he appear
Their King, their Leader, and Supream on Earth.
100 I, when no other durst, sole undertook
The dismal expedition to find out
And ruine Adam, and the exploit perform'd

E ele em seu meio fora batizado,
Não para ser mais puro, mas obter
Do Céu o testemunho, que sem dúvida
Todas nações o saibam; vi o profeta
Fazer-lhe reverência; e levantando-o 80
Da água, o Céu abriu por sobre as nuvens
As portas de cristal, sobre a sua fronte
Desceu, não sei por quê, perfeita pomba,
E lá do Céu suprema voz ouvi:
'Eis meu Filho amado, nele alegro.' 85
Sua mãe é mortal, mas seu Senhor
É quem do Céu obteve a Monarquia,
Quê não faria para alçar seu Filho?
Sofremos ao provar do primogênito
Quando em trovão lançou-nos ao abismo; 90
Devemos aprender quem é, pois homem
Parece em seus contornos, mas na face
Brilha fugaz a glória do Deus Pai.
Vedes em que extremoso risco estamos
Que não permite longa discussão 95
E carece de súbito combate,
Não por força, mas fraudes, armadilhas,
Antes que à frente das nações assome
Seu Rei, líder supremo em toda a Terra.
Eu, quando ninguém mais, sozinho ousei 100
Funesta expedição p'ra descobrir
E arruinar Adão, e com sucesso

Successfully; a calmer voyage now
Will waft me; and the way found prosperous once
105 Induces best to hope of like success.
He ended, and his words impression left
Of much amazement to th' infernal Crew,
Distracted and surpriz'd with deep dismay
At these sad tidings; but no time was then
110 For long indulgence to their fears or grief:
Unanimous they all commit the care
And management of this main enterprize
To him, their great Dictator, whose attempt
At first against mankind so well had thriv'd
115 In Adam's overthrow, and led thir march
From Hell's deep-vaulted Den to dwell in light,
Regents and Potentates, and Kings, yea gods
Of many a pleasant Realm and Province wide.
So to the Coast of Jordan he directs
120 His easie steps, girded with snaky wiles,
Where he might likeliest find this new-declar'd,
This man of men, attested Son of God,
Temptation and all guile on him to try,
So to subvert whom he suspected rais'd
125 To end his Raign on Earth so long enjoy'd:
But contrary unweeting he fulfill'd
The purpos'd Counsel pre-ordain'd and fixt
Of the most High, who in full frequence bright
Of Angels, thus to Gabriel smiling spake.

A completei; ora mais calma viagem
Me leva à velha via auspiciosa
E induz-me a esperar igual sucesso." 105
Findou, e a fala deixa forte assombro
Na horda infernal, surpresa, impressionada,
Em profunda aflição co'as tristes novas
E abatida; mas tempo não havia
Para indulgência aos medos e lamentos: 110
Unânimes consentem o cuidado
E o comando primaz na empreitada
Ao grande Ditador, cujo atentado
Oposto à humanidade triunfou
Ao derrubar Adão, e a marcha guiou 115
Da voragem do Inferno rumo à luz,
Regentes, potentados, reis e deuses
De um agradável reino e ampla província.
E visa à costa do Jordão seus passos
Leves, cingido em serpenteoso embuste, 120
Por certo ali veria o proclamado;
O homem dos homens, o Filho de Deus,
Para tentá-lo em todas as artimanhas,
E subverter quem suspeitou nascer
Para findar seu Reino sobre a Terra: 125
Mas sem saber concretizou o proposto
Pelo conselho já estabelecido
Do Altíssimo, que, circundado em lume
De anjos, falou sorrindo a Gabriel:

130 Gabriel, this day by proof thou shalt behold,
Thou and all Angels conversant on Earth
With man or mens affairs, how I begin
To verifie that solemn message late,
On which I sent thee to the Virgin pure
135 In Galilee, that she should bear a Son
Great in Renown, and call'd the Son of God;
Then toldst her doubting how these things could be
To her a Virgin, that on her should come
The Holy Ghost, and the power of the highest
140 O're-shadow her: this man born and now upgrown,
To shew him worthy of his birth divine
And high prediction, henceforth I expose
To Satan; let him tempt and now assay
His utmost subtilty, because he boasts
145 And vaunts of his great cunning to the throng
Of his Apostasie; he might have learnt
Less over-weening, since he fail'd in Job,
Whose constant perseverance overcame
Whate're his cruel malice could invent.
150 He now shall know I can produce a man,
Of female Seed, far abler to resist
All his sollicitations, and at length
All his vast force, and drive him back to Hell,
Winning by Conquest what the first man lost
155 By fallacy surpriz'd. But first I mean
To exercise him in the Wilderness,

"Gabriel, toma por prova o dia de hoje, 130
Tu e os outros anjos íntimos na Terra
Aos homens e suas coisas, que inicio
O perfazer da nova profecia,
Pela qual te enviei à Virgem pura
Na Galileia, sobre o Filho a vir, 135
Renomado, de Deus chamado Filho;
E explicaste-lhe como coisa tal
Sucederia à Virgem, que viriam
O Santo Espírito e o poder do Altíssimo
Eclipsá-la: esse infante já crescido, 140
P'ra revelá-la digno de seu berço
Excelso e profecias, hei de expô-lo
A Satã; deixa pois que teste e tente
A sutileza extrema, pois se jacta
E gaba da destreza, junto ao vulgo, 145
Da apostasia; e até talvez largasse
A petulância, pois falhara em Jó,
Cuja perseverança superou
Quaisquer malícias que antes inventara.
Verá que da semente feminina 150
Faço um homem, que muito mais resiste
Às suas insinuações e à força,
E que há de devolvê-lo para o Inferno,
Conquistando o que o outro homem perdera
Pela falácia. Mas primeiro intento 155
Exercitá-lo no deserto, onde ele

There he shall first lay down the rudiments
Of his great warfare, e're I send him forth
To conquer Sin and Death the two grand foes,
160 By Humiliation and strong Sufferance:
His weakness shall o'recome Satanic strength
And all the world, and mass of sinful flesh;
That all the Angels and Æthereal Powers,
They now, and men hereafter may discern,
165 From what consummate vertue I have chose
This perfect Man, by merit call'd my Son,
To earn Salvation for the Sons of men.
So spake the Eternal Father, and all Heaven
Admiring stood a space, then into Hymns
170 Burst forth, and in Celestial measures mov'd,
Circling the Throne and Singing, while the hand
Sung with the voice, and this the argument:
Victory and triumph to the Son of God
Now entering his great duel, not of arms,
175 But to vanquish by wisdom hellish wiles.
The Father knows the Son; therefore secure
Ventures his filial Vertue, though untri'd,
Against whate're may tempt, whate're seduce,
Allure, or terrifie, or undermine.
180 Be frustrate, all ye stratagems of Hell,
And devilish machinations come to nought.
So they in Heav'n their Odes and Vigils tun'd:
Mean while the Son of God, who yet some days

Deve estabelecer os rudimentos
Da grande guerra, até que eu o envie
À conquista dos vis Pecado e Morte,
Em meio à humilhação e ao sofrimento; 160
Vence à força satânica a fraqueza,
Ao mundo e à carnal massa pecadora;
Que os etéreos poderes e anjos todos,
Eles, depois os homens, possam ver
De que virtude sólida escolhi 165
Este perfeito homem, Filho emérito,
Para honrar salvação aos filhos do homem."

Falou o Pai Eterno, e todo o Céu
Pasmou-se num momento, então em hinos
Irrompeu e com modos celestiais 170
O trono circulou enquanto canta
Gesticulando, e eis seu argumento:

"Trunfo e glória ao Filho do Deus Pai
Que vai a grão duelo, não de armas,
E aos infernais ardis vença o saber. 175
O Pai conhece o Filho; assim segura
Segue a filial virtude, inda improvada,
Contra tudo o que tente, ou que seduza,
Que atraia, atemorize, ou que enfraqueça.
Que se frustrem do Inferno os planos todos, 180
E virem pó os diabólicos intentos."

No Céu cantavam odes e vigílias,
Quando o Filho de Deus durante dias

Lodg'd in Bethabara where John baptiz'd,
185 Musing and much revolving in his brest,
How best the mighty work he might begin
Of Saviour to mankind, and which way first
Publish his God-like office now mature,
One day forth walk'd alone, the Spirit leading;
190 And his deep thoughts, the better to converse
With solitude, till far from track of men,
Thought following thought, and step by step led on,
He entred now the bordering Desert wild,
And with dark shades and rocks environ'd round,
195 His holy Meditations thus pursu'd.
O what a multitude of thoughts at once
Awakn'd in me swarm, while I consider
What from within I feel my self, and hear
What from without comes often to my ears,
200 Ill sorting with my present state compar'd.
When I was yet a child, no childish play
To me was pleasing, all my mind was set
Serious to learn and know, and thence to do
What might be publick good; my self I thought
205 Born to that end, born to promote all truth,
All righteous things: therefore above my years,
The Law of God I read, and found it sweet,
Made it my whole delight, and in it grew
To such perfection, that e're yet my age
210 Had measur'd twice six years, at our great Feast

Alojou-se em Betábara, onde João
Batizava, e em seu peito revolvia 185
Como melhor iniciar a obra
De salvador da humanidade e como
Seu ofício divino difundir,
Solitário, guiado pelo Espírito,
Com profundo pensar, em bom diálogo 190
Com sua solidão, longe dos homens,
Pensar sobre pensar, e, passo a passo,
Entrou nas margens do deserto bravo,
Circundado por rochas, negras sombras,
Perseverava em sacras reflexões: 195
"Súbita multidão de pensamentos
Despertos que me infesta enquanto penso,
O que de dentro sinto em mim e escuto
O que de fora chega aos meus ouvidos,
Ao meu presente estado incomparáveis. 200
Quando ainda criança, não me ative
A brincadeiras; minha mente toda
Concernia ao saber, e a realizar
O bem comum; julgava-me nascido
A esse fim; nascido a promover 205
Verdade e coisas certas; em meus anos,
A Lei de Deus eu li, achei-a doce,
Fiz dela o meu prazer, nela cresci
Em tanta perfeição que, antes da idade
Medida em anos seis por duas vezes, 210

I went into the Temple, there to hear
The Teachers of our Law, and to propose
What might improve my knowledge or their own;
And was admir'd by all: yet this not all
215 To which my Spirit aspir'd; victorious deeds
Flam'd in my heart, heroic acts; one while
To rescue Israel from the Roman yoke,
Then to subdue and quell o're all the earth
Brute violence and proud Tyrannick pow'r,
220 Till truth were freed, and equity restor'd:
Yet held it more humane, more heavenly, first
By winning words to conquer willing hearts,
And make perswasion do the work of fear;
At least to try, and teach the erring Soul
225 Not wilfully mis-doing, but unware
Misled: the stubborn only to subdue.
These growing thoughts my Mother soon perceiving
By words at times cast forth inly rejoyc'd,
And said to me apart, high are thy thoughts
230 O Son, but nourish them and let them soar
To what highth sacred vertue and true worth
Can raise them, though above example high;
By matchless Deeds express thy matchless Sire.
For know, thou art no Son of mortal man;
235 Though men esteem thee low of Parentage,
Thy Father is the Eternal King, who rules
All Heaven and Earth, Angels and Sons of men,

No grão banquete, ao templo fui, p'ra ouvir
Mestres de nossa Lei, e p'ra propor
O que alçaria o meu saber ou o deles;
Pasmei a todos, mas não era tudo
Que o 'spírito aspirava; por vitórias 215
Meu peito ardia, e heroicos atos: um,
Salvar Israel do jugo dos romanos,
E depois subjugar, por sobre a Terra,
Bruta violência e orgulho dos tiranos,
Libertando a verdade e a igualdade: 220
Mas tê-las mais humanas, mais divinas,
Vencer na voz os peitos venturosos,
E que a persuasão suceda ao medo;
Ou prove, e ensine as almas andarilhas
Não por vontade errando, mas incautas 225
Desgarradas: domar só os pertinazes.
Minha mãe, percebendo tais pensares
Por palavras esparsas, alegrou-se,
E disse a mim: 'Excelso é teu pensar,
Ó filho, porém, nutre e deixa alçar 230
P'ra que excelsa virtude e valor vero
O amplie, tal o excelso exemplo acima;
Mostra o grande Senhor por grandes feitos.
Pois sabe, não és filho de mortal;
Embora homens desprezem tua estirpe, 235
Teu Pai é o Rei eterno, que governa
Os filhos de homens, anjos, Céu e Terra.

A messenger from God fore-told thy birth
Conceiv'd in me a Virgin; he fore-told
240 Thou shouldst be great and sit on David's Throne,
And of thy Kingdom there should be no end.
At thy Nativity a glorious Quire
Of Angels in the fields of Bethlehem sung
To Shepherds watching at their folds by night,
245 And told them the Messiah now was born,
Where they might see him, and to thee they came,
Directed to the Manger where thou lais't;
For in the Inn was left no better room:
'A Star, not seen before in Heaven appearing
250 Guided the Wise Men thither from the East,
To honour thee with Incense, Myrrh, and Gold,
By whose bright course led on they found the place,
Affirming it thy Star, new grav'n in Heaven,
By which they knew thee King of Israel born.
255 Just Simeon and Prophetic Anna, warn'd
By Vision, found thee in the Temple, and spake
Before the Altar and the vested Priest,
Like things of thee to all that present stood.'
This having heard, strait I again revolv'd
260 The Law and Prophets, searching what was writ
Concerning the Messiah, to our Scribes
Known partly, and soon found of whom they spake
I am; this chiefly, that my way must lie
Through many a hard assay even to the death,

Um anjo anunciou teu nascimento
Concebido em mim, virgem; anunciou-te
Grande, assumindo o trono de Davi, 240
E que o teu Reino não teria fim.
No teu Natal, um glorioso coro
De anjos cantou nos campos de Belém
A pastores, à noite em seus currais,
E contou sobre a vinda do Messias, 245
Onde o veriam, e eles a ti vinham,
À manjedoura, onde repousavas:
'Melhor quarto no albergue não havia.
Nova estrela no céu apareceu
Que guiou os homens sábios do Oriente, 250
A honrar-te com incenso, mirra e ouro,
Guiados pelo brilho acharam o ponto,
Tua estrela, afirmaram-na no Céu
Revelando o Natal do Rei de Israel.
Simeão e Ana, profética, avisados 255
Pela visão, acharam-te no templo,
Falaram ante o altar e o sacerdote,
Coisas de ti a todos os presentes.'
Depois de ouvi-la, logo folheei
A Lei e profetas, procurando escritos 260
Sobre o Messias, que os escribas pouco
Conheciam, e eu soube que o descrito
Sou eu; e que no mais trilhar eu devo
Por dura expedição, e mesmo à morte,

265 E're I the promis'd Kingdom can attain,
Or work Redemption for mankind, whose sins
Full weight must be transferr'd upon my head.
Yet neither thus disheartn'd or dismay'd,
The time prefixt I waited, when behold
270 The Baptist, (of whose birth I oft had heard,
Not knew by sight) now come, who was to come
Before Messiah and his way prepare.
I as all others to his Baptism came,
Which I believ'd was from above; but he
275 Strait knew me, and with loudest voice proclaim'd
Me him (for it was shew'n him so from Heaven)
Me him whose Harbinger he was; and first
Refus'd on me his Baptism to confer,
As much his greater, and was hardly won;
280 But as I rose out of the laving stream,
Heaven open'd her eternal doors, from whence
The Spirit descended on me like a Dove,
And last the sum of all, my Father's voice,
Audibly heard from Heav'n, pronounc'd me his,
285 Me his beloved Son, in whom alone
He was well pleas'd; by which I knew the time
Now full, that I no more should live obscure,
But openly begin, as best becomes
The Authority which I deriv'd from Heaven.
290 And now by some strong motion I am led
Into this Wilderness, to what intent

Antes que obtenha o Reino prometido, 265
Ou redenção alcance a humanidade,
Cujos pecados venham a esmagar-me.
Mas sem desânimo ou consternação,
Aguardava p'ra ver, na hora certa,
Batista (de quem muito tinha ouvido, 270
Mas não vi), tendo vindo o que viria
A preparar a trilha do Messias.
Eu, como os outros, vim ao seu batismo,
Que acreditara vir de cima; e ele
Reconheceu-me, anunciou-me aos brados 275
(Pois foi mostrado a ele pelo Céu),
De mim ele era o anunciador; primeiro
Recusou conferir-me seu batismo,
Por ser superior, ganhei a custo.
Mas, ao erguer-me da corrente cheia, 280
O Céu abriu eternas portas, de onde
Feito uma pomba descendeu o Espírito;
No ápice, por fim, a voz do Pai,
Claramente do Céu disse-me seu,
Eu, seu amado Filho, em quem sozinho 285
Ele bem se alegrou; e eu soube: o tempo
Se cumpriu de não mais viver obscuro.
Mas começo às abertas, melhor torna-se
A autoridade que do Céu derivo.
E agora sou levado de algum modo 290
A entrar neste deserto, e a que intento

I learn not yet, perhaps I need not know;
For what concerns my knowledge God reveals.
So spake our Morning Star then in his rise,
295 And looking round on every side beheld
A pathless Desert, dusk with horrid shades;
The way he came not having mark'd, return
Was difficult, by humane steps untrod;
And he still on was led, but with such thoughts
300 Accompanied of things past and to come
Lodg'd in his brest, as well might recommend
Such solitude before choicest Society.
Full forty days he pass'd, whether on hill
Sometimes, anon in shady vale, each night
305 Under the covert of some ancient Oak,
Or Cedar, to defend him from the dew,
Or harbour'd in one Cave, is not reveal'd;
Nor tasted humane food, nor hunger felt
Till those days ended, hunger'd then at last
310 Among wild Beasts: they at his sight grew mild,
Nor sleeping him nor waking harm'd, his walk
The fiery Serpent fled and noxious Worm,
The Lion and fierce Tiger glar'd aloof.
But now an aged man in Rural weeds,
315 Following, as seem'd, the quest of some stray Ewe,
Or wither'd sticks to gather; which might serve
Against a Winters day when winds blow keen,
To warm him wet return'd from field at Eve,

Inda não sei, talvez não no precise;
Pois o que ao saber serve, Deus revela."
Falou a nossa Estrela da Manhã,
E olhando os arredores contemplou 295
Um deserto sem trilhas, tenebroso;
Sem marcar o caminho, seu retorno
Era árduo, intacto por humanos passos;
Levado em frente foi, mas com pensares
Sobre coisas passadas e futuras 300
Dentro em seu peito, como recomenda
A solidão em vez da sociedade.
Passou quarenta dias, em colinas
Por vezes, ou em vales. Cada noite
Coberto por algum carvalho ancião, 305
Ou cedro, a protegê-lo do sereno,
Ou em caverna, não é revelado;
Nem comida provou, nem sentiu fome
Até o fim desses dias, esfaimou-se
Entre feras selvagens: e elas, mansas, 310
Respeitaram seu sono, ao andar
Fugia a ardente serpe e o verme infausto;
Leão e feroz tigre o ignoraram.
E agora um velho envolto em rurais trajes,
Seguindo alguma ovelha desgarrada, 315
Ou secos galhos reunindo, úteis
Contra um dia de inverno em vento intenso,
P'ra aquecê-lo ao voltar d'área longeva,

He saw approach; who first with curious eye
320 Perus'd him, then with words thus utt'red spake.

Sir, what ill chance hath brought thee to this place
So far from path or road of men, who pass
In Troop or Caravan, for single none
Durst ever, who return'd, and dropt not here
325 His Carcass, pin'd with hunger and with droughth?
I ask the rather, and the more admire,
For that to me thou seem'st the man, whom late
Our new baptizing Prophet at the Ford
Of Jordan honour'd so, and call'd thee Son
330 Of God; I saw and heard, for we sometimes
Who dwell this wild, constrain'd by want, come forth
To Town or Village nigh (nighest is far)
Where ought we hear, and curious are to hear,
What happ'ns new; Fame also finds us out.

335 To whom the Son of God. Who brought me hither
Will bring me hence, no other Guide I seek.

By Miracle he may, reply'd the Swain,
What other way I see not, for we here
Live on tough roots and stubs, to thirst inur'd
340 More then the Camel, and to drink go far,
Men to much misery and hardship born;
But if thou be the Son of God, Command
That out of these hard stones be made thee bread;
So shalt thou save thyself and us relieve
345 With Food, whereof we wretched seldom taste.

Viu achegar; que em curioso olhar
O perscrutou, e proferiu a fala: 320
"Senhor, que sorte o trouxe a este lugar
Tão longe de caminho humano, onde andam
Em tropas, caravanas? Ninguém nunca
Aqui veio e tornou sem que tombasse,
Só carcaça, varado em fome e sede. 325
Pergunto um pouco, e muito mais me espanto,
Pois tu pareces o homem que há pouco
Nosso novo profeta, a batizar
No rio Jordão, te honrou, chamou-te Filho
De Deus; eu vi e ouvi, pois nós, às vezes, 330
Que daqui somos, precisando, vamos
À vila mais por perto (e perto é longe);
Nada se pode ouvir, e ouvir queremos,
O que há de novo; a nós também vem Fama."
E a ele, o Divo Filho: "Quem me trouxe 335
Me levará, outro guia não procuro."
"Por milagre ele pode", disse o rústico,
"Outro modo não vejo; pois aqui
Se vive a duros galhos, sempre em sede,
Mais que o camelo, e p'ra beber vão longe, 340
Homens nascidos p'ra cruel miséria;
Mas se és de Deus o Filho, dá comando
Que destas pedras sejam feitos pães;
Que salvarás a ti e poupar-nos-ás
Co'alimento, tão raro aos nossos gostos." 345

He ended, and the Son of God reply'd.
Think'st thou such force in Bread? is it not written
(For I discern thee other then thou seem'st)
Man lives not by Bread only, but each Word
350 Proceeding from the mouth of God; who fed
Our Fathers here with Manna; in the Mount
Moses was forty days, nor eat nor drank,
And forty days Eliah without food
Wandred this barren waste; the same I now:
355 Why dost thou then suggest to me distrust,
Knowing who I am, as I know who thou art?
Whom thus answer'd th' Arch Fiend now undisguis'd.
Tis true, I am that Spirit unfortunate,
Who leagu'd with millions more in rash revolt
360 Kept not my happy Station, but was driv'n
With them from bliss to the bottomless deep,
Yet to that hideous place not so confin'd
By rigour unconniving, but that oft
Leaving my dolorous Prison I enjoy
365 Large liberty to round this Globe of Earth,
Or range in th' Air, nor from the Heav'n of Heav'ns
Hath he excluded my resort sometimes.
I came among the Sons of God, when he
Gave up into my hands Uzzean Job
370 To prove him, and illustrate his high worth;
And when to all his Angels he propos'd
To draw the proud King Ahab into fraud

Findou, e replicou o Filho de Deus:
"Vês no pão tanta força? Não é escrito
(Pois vejo mais em ti do que pareces)
Que, além do pão, se vive das palavras
Por Deus pronunciadas, que proveram 350
Aqui os pais-nossos com maná? No monte
Quarenta dias jejuou Moisés,
Quarenta dias sem comida Elias
Andou no estéril ermo; e eu agora:
Por que então vens a sugerir-me a dúvida, 355
Conhecendo-me, como eu te conheço?"
Respondeu o Imigo desvelado:
"Verdade, sou o Espírito infeliz,
Que, unido com milhões de revoltosos,
Perdeu o feliz posto e foi levado 360
Com eles da alegria ao fundo abismo,
Mas não tão preso a este lugar medonho
Na forte vigilância, que frequente
Dolorosa prisão eu deixo e gozo
De liberdade em circular a Terra, 365
Ou no ar errar, e nem do Céu dos Céus
Ele excluiu por vezes meu refúgio.
Entre os Filhos de Deus eu vim quando ele
Entregou Jó de Uz em minhas mãos
P'ra prová-lo, ilustrando seu valor; 370
E como quando aos anjos seus propôs
Em fraude atrair Acab, rei soberbo,

That he might fall in Ramoth, they demurring,
I undertook that office, and the tongues
375 Of all his flattering Prophets glibb'd with lyes
To his destruction, as I had in charge.
For what he bids I do; though I have lost
Much lustre of my native brightness, lost
To be belov'd of God, I have not lost
380 To love, at least contemplate and admire
What I see excellent in good, or fair,
Or vertuous, I should so have lost all sense.
What can be then less in me then desire
To see thee and approach thee, whom I know
385 Declar'd the Son of God, to hear attent
Thy wisdom, and behold thy God-like deeds?
Men generally think me much a foe
To all mankind: why should I? they to me
Never did wrong or violence, by them
390 I lost not what I lost, rather by them
I gain'd what I have gain'd, and with them dwell
Copartner in these Regions of the World,
If not disposer; lend them oft my aid,
Oft my advice by presages and signs,
395 And answers, oracles, portents and dreams,
Whereby they may direct their future life.
Envy they say excites me, thus to gain
Companions of my misery and wo.
At first it may be; but long since with wo

P'ra cair em Ramote, eles negaram,
Eu assumi a empresa, e as línguas todas
De seus profetas cheias de mentiras 375
P'ra destruí-lo, enquanto eu comandava;
O que ele ordena, eu faço. Mas perdi
Luxos do antigo lustro, pois perdi
De por Deus ser amado, e não perdi
O amor, contemplo, admiro pelo menos 380
O que no bem vejo excelente, ou justo,
Ou virtuoso; assim perdia o senso.
O que haverá em mim senão desejo
De ver-te, aproximar-te, quem eu sei
Ser o Filho de Deus, e ouvir atento 385
Teu saber e observar teus divos feitos?
Homens me veem como inimigo sempre
Dos homens: eu o seria? Eles a mim
Nunca intentaram mal ou dor; por eles
Não perdi o que perdi, porém por eles 390
Ganhei o que ganhei, e co'eles vivo
Comparsa nestas regiões do mundo,
Se não seu doador; lhes dei ajuda,
O meu conselho por sinais, presságios,
Resposta, oráculos, portento e sonhos, 395
Aonde levariam seus futuros.
Dizem que inveja excita-me, que almejo
Ter companheiros de miséria e mágoa.
Será em princípio; mas de tanto a mágoa

400 Nearer acquainted, now I feel by proof,
That fellowship in pain divides not smart,
Nor lightens aught each mans peculiar load.
Small consolation then, were Man adjoyn'd:
This wounds me most (what can it less) that Man,
405 Man fall'n, shall be restor'd, I never more.
To whom our Saviour sternly thus reply'd.
Deservedly thou griev'st, compos'd of lyes
From the beginning, and in lies wilt end;
Who boast'st release from Hell, and leave to come
410 Into the Heav'n of Heavens; thou com'st indeed,
As a poor miserable captive thrall,
Comes to the place where he before had sat
Among the Prime in Splendour, now depos'd,
Ejected, emptyed, gaz'd, unpityed, shun'd,
415 A spectacle of ruin or of scorn
To all the Host of Heaven; the happy place
Imparts to thee no happiness, no joy,
Rather inflames thy torment, representing
Lost bliss, to thee no more communicable,
420 So never more in Hell then when in Heaven.
But thou art serviceable to Heaven's King.
Wilt thou impute to obedience what thy fear
Extorts, or pleasure to do ill excites?
What but thy malice mov'd thee to misdeem
425 Of righteous Job, then cruelly to afflict him
With all inflictions? But his patience won?

Ser-me sabida, eu sinto já por prova, 400
Que sócios não dividem sua dor,
E em nada se alivia cada fardo:
Pouco consola essa união humana.
Mais fere (e como não?) que o homem caído,
O homem é restaurado, eu, nunca mais." 405

E austero o Salvador lhe respondeu:
"Sofrer mereces, feito de mentiras
Desde o início, em mentiras findarás;
Por que gabas sair do Inferno e vir
Ao Céu dos Céus; vieste tu por certo, 410
Como um coitado, pobre e miserável,
Vem ao lugar onde antes assentou-se
Entre o primo esplendor, hoje deposto,
Vazio, sem dó, evitado, expulso, exposto,
Um espetáculo de ruína, escória 415
À multidão do Céu; lugar alegre
Que a ti não dá alegria, nem prazer,
Mas te inflama o tormento e representa
Perdido gozo, a ti incomunicável,
Nada te é mais Inferno do que o Céu. 420
Mas inda és útil para o Rei dos Céus.
Chamas obediência o que teu medo
Impele, e o que o prazer do mal te excita?
Senão malícia, que levante contra
O pio Jó, afligindo-o cruelmente 425
Em inflições? Venceu sua paciência.

The other service was thy chosen task,
To be a lyer in four hundred mouths;
For lying is thy sustenance, thy food.
430 Yet thou pretend'st to truth; all Oracles
By thee are giv'n, and what confest more true
Among the Nations? That hath been thy craft,
By mixing somewhat true to vent more lyes.
But what have been thy answers, what but dark
435 Ambiguous and with double sense deluding,
Which they who ask'd have seldom understood,
And, not well understood, as good not known?
Who ever by consulting at thy shrine
Return'd the wiser, or the more instruct
440 To flye or follow what concern'd him most,
And run not sooner to his fatal snare?
For God hath justly giv'n the Nations up
To thy Delusions; justly, since they fell
Idolatrous; but when his purpose is
445 Among them to declare his Providence
To thee not known, whence hast thou then thy truth,
But from him, or his Angels President
In every Province, who themselves disdaining
To approach thy Temples, give thee in command
450 What to the smallest tittle thou shalt say
To thy Adorers; thou with trembling fear,
Or like a Fawning Parasite obey'st;
Then to thyself ascrib'st the truth fore-told.

O outro serviço foi de tua escolha,
Ser mentiroso em quatrocentas bocas;
Pois mentir é comida, teu sustento.
Mas finges verdadeiro; e os oráculos 430
Dados por ti, e o que é mais verdade
Entre as nações? Tem sido esta tua arte,
Mesclando o vero p'ra espalhar o falso:
Mas que respostas deu, senão obscuras,
Ambíguas, enganando em dois sentidos, 435
Que quem pergunta raro compreende,
E se o mal-entendido é o mal sabido?
Quem tendo consultado em teu santuário
Voltou mais sábio, ou mais instruído
A fugir, ou seguir seus interesses, 440
E não cair mais cedo em armadilha?
Pois, justo, Deus cedeu todas nações
Às tuas ilusões, justo, caíram
Idólatras; mas quando seu propósito
É declarar a Providência entre eles, 445
A ti ignota, donde a tua verdade,
Senão dele e dos anjos presidentes
Nas províncias, se até desdenham vir
Para os teus templos, porém só concedem
As ninharias que proclamarás 450
Aos teus adoradores? Temes, tremes,
Ou como um servo parasita, acatas;
E a ti mesmo atribuis verdades ditas.

But this thy glory shall be soon retrench'd;
455 No more shalt thou by oracling abuse
The Gentiles; henceforth Oracles are ceast,
And thou no more with Pomp and Sacrifice
Shalt be enquir'd at Delphos or elsewhere,
At least in vain, for they shall find thee mute.
460 God hath now sent his living Oracle
Into the World, to teach his final will,
And sends his Spirit of Truth henceforth to dwell
In pious Hearts, an inward Oracle
To all truth requisite for men to know.
465 So spake our Saviour; but the subtle Fiend,
Though inly stung with anger and disdain,
Dissembl'd, and this Answer smooth return'd.
Sharply thou hast insisted on rebuke,
And urg'd me hard with doings, which not will
470 But misery hath rested from me; where
Easily canst thou find one miserable,
And not inforc'd oft-times to part from truth;
If it may stand him more in stead to lye,
Say and unsay, feign, flatter, or abjure?
475 But thou art plac't above me, thou art Lord;
From thee I can and must submiss endure
Check or reproof, and glad to scape so quit.
Hard are the ways of truth, and rough to walk,
Smooth on the tongue discourst, pleasing to th' ear,
480 And tuneable as Silvan Pipe or Song;

Mas essa tua glória há de encolher;
Não mais abusarás oraculando 455
Os gentios; cessarão todos oráculos,
E tu não mais com pompa e sacrifício
Serás arguido em Delfos ou alhures,
Em vão, pois hão de te encontrar já mudo.
Deus agora enviou seu vivo oráculo 460
Ao mundo p'ra ensinar sua vontade,
E da verdade espíritos envia
Aos pios corações, interno oráculo
Necessário à verdade dos humanos."
Responde o Salvador; sutil Imigo, 465
Porém, mesmo ferido de desdém
E ódio, suave, dissimula e responde:
"Agudamente insistes em reproches,
Co'atos urges-me, árduo, que me arrancam
Miséria, não vontade, onde afinal 470
Um miserável tu encontrarias,
Não coagido à fuga da verdade;
Se mais vale mentir e bajular,
Dizer e desdizer, fingir perjuro?
Mas tu estás acima, tu, Senhor; 475
A ti devo eu suportar submisso
Xeque ou reproche, ledo de escapar.
Dura e áspera a via da verdade,
Lisa na língua e afável para o ouvido,
E doce feito a flauta de Silvano; 480

What wonder then if I delight to hear
Her dictates from thy mouth? most men admire
Vertue, who follow not her lore: permit me
To hear thee when I come (since no man comes)
485 And talk at least, though I despair to attain.
Thy Father, who is holy, wise and pure,
Suffers the Hypocrite or Atheous Priest
To tread his Sacred Courts, and minister
About his Altar, handling holy things,
490 Praying or vowing, and vouchsaf'd his voice
To Balaam Reprobate, a Prophet yet
Inspir'd; disdain not such access to me.
To whom our Saviour with unalter'd brow.
Thy coming hither, though I know thy scope,
495 I bid not or forbid; do as thou find'st
Permission from above; thou canst not more.
He added not; and Satan bowing low
His gray dissimulation, disappear'd
Into thin Air diffus'd: for now began
500 Night with her sullen wing to double-shade
The Desert; Fowls in thir clay nests were couch't;
And now wild Beasts came forth the woods to roam.

Por que a surpresa se me apraz ouvir
Seus ditos de tua boca? Muitos amam
Virtude sem segui-la; então, permite-me
Te ouvir, se venho (pois que ninguém vem)
E fala, embora em desespero eu busque. 485
O teu Pai, que é tão santo, sábio e puro,
Permite ao sacerdote ateu e hipócrita
Pisar as sacras cortes, ministrar
Em seu altar, gerindo coisas santas,
Pregando e prometendo a voz consagram 490
Ao réprobo Balaão, mas inspirado
Profeta; a mim não negues tal acesso."
A ele o Salvador com cenho inerte:
"Tua vinda aqui, sabendo teu intento,
Não peço nem despeço; age conforme 495
A permissão de cima: mais não podes."
E nada mais; Satã curvando sua
Gris dissimulação, desvaneceu
No fino ar difuso: pois começa
A noite em foscas asas a assombrar 500
O deserto; aves vão aos bárreos ninhos;
E bestas feras vagam das florestas.

THE SECOND BOOK

Meanwhile the new-baptiz'd, who yet remain'd
At Jordan with the Baptist, and had seen
Him whom they heard so late expressly call'd
Jesus Messiah Son of God declar'd,
5 And on that high Authority had believ'd,
And with him talkt, and with him lodg'd, I mean
Andrew and Simon, famous after known
With others though in Holy Writ not nam'd,
Now missing him thir joy so lately found,
10 So lately found, and so abruptly gone,
Began to doubt, and doubted many days,
And as the days increas'd, increas'd thir doubt:
Sometimes they thought he might be only shewn,
And for a time caught up to God, as once
15 Moses was in the Mount, and missing long;
And the great Thisbite who on fiery wheels
Rode up to Heaven, yet once again to come.
Therefore as those young Prophets then with care
Sought lost Eliah, so in each place these
20 Nigh to Bethabara; in Jerico
The City of Palms, Ænon, and Salem Old,

SEGUNDO LIVRO

Os recém-batizados, nesse ínterim,
Ainda no Jordão com o Batista,
Àquele tardiamente declarado
Jesus Messias, filho de Deus, viram,
E em sua autoridade acreditaram, 5
E co'ele conversaram e alojaram,
Falo de André e Simão, de tarda fama,
Anônimos, com outros, na Escritura,
Sentem falta da graça tarda em vir,
Tarda em vir e tão cedo em se perder, 10
Duvidavam, por dias duvidando,
Passando os dias, não passava a dúvida;
Por vezes, creram que ele se mostrara
Apenas, e estivesse com Deus, como
Moisés no Monte, desaparecido; 15
E o Tisbita, que sobre rodas ígneas
Alçou-se ao Céu, mas logo retornaram.
Pois, assim como a Elias perscrutaram
Vários jovens profetas, também estes,
Junto a Betábara; por Jericó, 20
A cidade das palmas, Maqueronte,

Machærus and each Town or City wall'd
On this side the broad lake Genezaret,
Or in Perea, but return'd in vain.
25 Then on the bank of Jordan, by a Creek:
Where winds with Reeds and Osiers whisp'ring play
Plain Fishermen, no greater men them call,
Close in a Cottage low together got
Thir unexpected loss and plaints out breath'd.
30 Alas, from what high hope to what relapse
Unlook'd for are we fall'n, our eyes beheld
Messiah certainly now come, so long
Expected of our Fathers; we have heard
His words, his wisdom full of grace and truth,
35 Now, now, for sure, deliverance is at hand,
The Kingdom shall to Israel be restor'd:
Thus we rejoyc'd, but soon our joy is turn'd
Into perplexity and new amaze:
For whither is he gone, what accident
40 Hath rapt him from us? will he now retire
After appearance, and again prolong
Our expectation? God of Israel,
Send thy Messiah forth, the time is come;
Behold the kings of the Earth how they oppress
45 Thy chosen, to what highth thir pow'r unjust
They have exalted, and behind them cast
All fear of thee, arise and vindicate
Thy Glory, free thy people from thir yoke,

Salém, Enoni, e cada aldeia ou vila
Murada ao lado do Genesaré,
Ou em Pereia, mas, em vão, voltaram.
Então, às margens do Jordão, num lago, 25
Onde folga o salgueiro, a cana, os ventos,
Numa cabana, simples pescadores
(Se creem não mais do que isso) se reuniram,
Desabafando a dor e perda súbita:
"Pobres de nós, de que esperança altiva 30
A que descuido recaímos! Vimos
Vir por certo o Messias, esperado
Há tanto pelos nossos pais; ouvimos
Sua voz, verdadeira e graciosa;
Por certo, a salvação está bem próxima; 35
O reino a Israel retornará;
Nos deleitamos, logo esse deleite
Se fez perplexidade e novo espanto.
Pois p'ra onde ele partira? Que acidente
O levara de nós? Irá já ele 40
Retirar-se e de novo prolongar
A nossa expectativa? Deus de Israel,
Chegada a hora, manda o teu Messias;
Contempla os reis da Terra, como oprimem
Teus escolhidos, a que altura exaltam 45
Seu injusto poder, e lançam fora
Todo o temor de Ti; ergue-te, vinga
Tua glória; liberta o povo teu!

But let us wait; thus far He hath perform'd,
50 Sent his Anointed, and to us reveal'd him,
By his great Prophet, pointed at and shown,
In publick, and with him we have convers'd;
Let us be glad of this, and all our fears
Lay on his Providence; he will not fail
55 Nor will withdraw him now, nor will recall,
Mock us with his blest sight, then snatch him hence,
Soon we shall see our hope, our joy return.
Thus they out of their plaints new hope resume
To find whom at the first they found unsought:
60 But to his Mother Mary, when she saw
Others return'd from Baptism, not her Son,
Nor left at Jordan, tydings of him none;
Within her brest, though calm; her brest though pure,
Motherly cares and fears got head, and rais'd
65 Some troubl'd thoughts, which she in sighs thus clad.
O what avails me now that honour high
To have conceiv'd of God, or that salute,
'Hale highly favour'd, among women blest';
While I to sorrows am no less advanc't,
70 And fears as eminent, above the lot
Of other women, by the birth I bore,
In such a season born when scarce a Shed
Could be obtain'd to shelter him or me
From the bleak air; a Stable was our warmth,
75 A Manger his; yet soon enforc't to flye

Mas esperemos; Ele já atuou,
Enviou seu Ungido, e o revelou 50
Por seu grande Profeta, demonstrou-o
Em público, e com ele conversamos.
Alegremo-nos, nosso medo jaz
Em sua providência; ele não há
De falhar, nem o há de nos tomar, 55
Zomba com sua graça, e então nos rouba;
Já nos retorna a graça e esperança."

Nova esperança assim seguiu da dor
P'ra encontrar quem sem busca se encontrou.
Mas sua mãe Maria, quando vira 60
Virem os batizados, não seu Filho,
Sem do Jordão ouvir notícias dele,
Seu peito, embora calmo, embora puro,
Gerou medo e aflição de mãe, trazendo
Maus pensamentos, que cobriu de ais: 65

"Oh, que me vale agora a honra excelsa,
De conceber com Deus, e tal louvor,
'Salve, cheia de graça entre as mulheres!'
Enquanto não me entrego à minha dor
E os medos eminentes mais que as outras 70
Mulheres, pelo filho que engendrei:
Nascido em tal sazão, quando um paiol
Sequer se obtinha, para seu abrigo
Ou meu, só o calor da estrebaria
Bastou-nos, a ele a manjedoura; logo 75

Thence into Egypt, till the Murd'rous King
Were dead, who sought his life, and, missing fill'd
With Infant blood the streets of Bethlehem;
From Egypt home return'd, in Nazareth
80 Hath been our dwelling many years, his life
Private, unactive, calm, contemplative,
Little suspicious to any King; but now
Full grown to Man, acknowledg'd, as I hear,
By John the Baptist, and in publick shown,
85 Son own'd from Heaven by his Father's voice;
I look't for some great change; to Honour? no,
But trouble, as old Simeon plain fore-told,
That to the fall and rising he should be
Of many in Israel, and to a sign
90 Spoken against, that through my very Soul
A sword shall pierce; this is my favour'd lot,
My Exaltation to Afflictions high;
Afflicted I may be, it seems, and blest;
I will not argue that, nor will repine.
95 But where delays he now? some great intent
Conceals him: when twelve years he scarce had seen,
I lost him, but so found, as well I saw
He could not lose himself; but went about
His Father's business; what he meant I mus'd,
100 Since understand; much more his absence now
Thus long to some great purpose he obscures.
But I to wait with patience am inur'd;

Fugimos para o Egito, até o tirano
Morrer, que o perseguiu, sem encontrar,
E de sangue infantil cobriu Belém.
Retornando do Egito, nosso lar
Foi Nazaré por anos; sua vida 80
Privada, calma, de contemplação,
Pouco suspeita a rei qualquer; mas já
Homem, reconhecido, como ouvi,
Pelo Batista, aparecido em público,
Como filho do Céu, na voz do Pai; 85
Mudanças aguardei; mais honra? Não;
Mais provações, por Simeão preditas,
Que ele virá p'ra queda e ascensão
De muitos em Israel, para um sinal
Contestado, que irá sulcar-me a própria 90
Alma uma espada; tal é minha sina,
Que exalto às mais excelsas aflições;
Aflita posso estar, e agraciada;
Não hei de discutir ou lastimar.
Onde ora se detém? Um grande intento 95
O esconde: quando mal doze anos tinha,
Perdi-o, e logo o achei, então eu vi
Que não se perderia; foi tratar
De assuntos de seu Pai; quê quis dizer,
Pensei, agora entendo; a longa ausência 100
Por um grande propósito ele oculta.
Habituei-me a aguardar, paciente;

My heart hath been a store-house long of things
And sayings laid up, portending strange events.

105 Thus Mary pondering oft, and oft to mind
Recalling what remarkably had pass'd
Since first her Salutation heard, with thoughts
Meekly compos'd awaited the fulfilling:
The while her Son tracing the Desert wild,
110 Sole but with holiest Meditations fed,
Into himself descended, and at once
All his great work to come before him set;
How to begin, how to accomplish best
His end of being on Earth, and mission high:
115 For Satan with slye preface to return
Had left him vacant, and with speed was gon
Up to the middle Region of thick Air,
Where all his Potentates in Council sate;
There without sign of boast, or sign of joy,
120 Sollicitous and blank he thus began.
Princes, Heavens antient Sons, Æthereal Thrones,
Demonian Spirits now, from the Element
Each of his reign allotted, rightlier call'd,
Powers of Fire, Air, Water, and Earth beneath,
125 So may we hold our place and these mild seats
Without new trouble; such an Enemy
Is ris'n to invade us, who no less
Threat'ns then our expulsion down to Hell;
I, as I undertook, and with the vote

Meu peito é um depósito de ditos
E feitos, revelando estranho evento."
　　　　Assim Maria, ponderando sempre　　　　105
E sempre recordando o que passara
Desde a primeira Saudação, com manso
Pensar, pelo desfecho ia aguardando:
Nisso, o Filho a correr deserto bravo,
Só, embora por meditações santíssimas　　　　110
Nutrido, ensimesmado, e de uma vez
A obra toda sua vislumbrou;
Por onde começar, como dar fim
À estada nesta Terra e alta missão.
Satã, num vil ensaio de retorno,　　　　115
Livre o deixara, e célere se fora
Às médias regiões do ar espesso
Aos Potentados em conselho unidos;
Lá, sem sinal de orgulho ou de alegria,
Pálido e tenso, assim principiou:　　　　120
"Filhos do Céu, Etéreos Tronos, Príncipes,
Demônicos Espíritos, agora,
Cada qual com seu reino elemental,
Poderes de Água, Fogo, Terra e Ar,
Sentemo-nos portanto em brando assento,　　　　125
Sem mais! Tal inimigo se alevanta
Que pretende invadir-nos, e não menos
Ameaça que expulsar-nos ao Inferno.
Eu, na minha empreitada, e com voto

130 Consenting in full frequence was impow'r'd,
Have found him, view'd him, tasted him, but find
Far other labour to be undergon
Then when I dealt with Adam first of Men,
Though Adam by his Wives allurement fell,
135 However to this Man inferior far,
If he be Man by Mothers side at least,
With more then humane gifts from Heav'n adorn'd,
Perfections absolute, Graces divine,
And amplitude of mind to greatest Deeds.
140 Therefore I am return'd, lest confidence
Of my success with Eve in Paradise
Deceive ye to perswasion over-sure
Of like succeeding here; I summon all
Rather to be in readiness with hand
145 Or counsel to assist; lest I, who erst
Thought none my equal, now be over-match'd.
So spake the old Serpent doubting, and from all
With clamour was assur'd thir utmost aid
At his command; when from amidst them rose
150 Belial the dissolutest Spirit that fell,
The sensuallest, and after Asmodai
The fleshliest Incubus, and thus advis'd.
Set women in his eye and in his walk,
Among daughters of men the fairest found;
155 Many are in each Region passing fair
As the noon Skie; more like to Goddesses

De unânime consenso apoderado, 130
Achei-o, vi-o, provei-o e descobri
Trabalhos muito além para sofrer
Do que lidei co'Adão, homem primaz,
Caído pelo encanto da mulher,
Mas muito inferior a este homem; 135
Se é por parte de mãe humano, ao menos,
Com mais que humanos dons do Céu se adorna,
Divinas graças, perfeições completas,
E amplitude da mente em grandes atos.
Por isso retornei, que a confiança 140
Do meu triunfo no Paraíso co'Eva
Não vos iluda à supraconvicção
De aqui triunfarmos. Todos vós invoco
P'ra assistir-me com planos ou ações
A fim de que eu, que outrora cria ser 145
Imbatível, não seja subjugado."

Assim disse a vetusta Serpe, em dúvida,
E todos, com clamor, disposto auxílio
Asseguraram; eis que se levanta
Belial, o mais devasso entre os Caídos, 150
E o mais sensual, à frente de Asmodeus,
Mais cárneo íncubo, por dar conselho:

"Tragam mulher ao seu olhar e andar,
Entre as filhas dos homens as mais belas.
Em cada região passeiam, belas 155
Qual o céu em seu zênite; qual deusas

Then Mortal Creatures, graceful and discreet,
Expert in amorous Arts, enchanting tongues
Perswasive, Virgin majesty with mild
160 And sweet allay'd, yet terrible to approach,
Skill'd to retire, and in retiring draw
Hearts after them tangl'd in Amorous Nets.
Such object hath the power to soft'n and tame
Severest temper, smooth the rugged'st brow,
165 Enerve, and with voluptuous hope dissolve,
Draw out with credulous desire, and lead
At will the manliest, resolutest brest,
As the Magnetic hardest Iron draws.
Women, when nothing else, beguil'd the heart
170 Of wisest Solomon, and made him build,
And made him bow to the Gods of his Wives.
To whom quick answer Satan thus return'd.
Belial, in much uneven scale thou weigh'st
All others by thy self; because of old
175 Thou thy self doat'st on womankind, admiring
Thir shape, thir colour, and attractive grace,
None are, thou think'st, but taken with such toys.
Before the Flood thou with thy lusty Crew,
False titl'd Sons of God, roaming the Earth
180 Cast wanton eyes on the daughters of men,
And coupl'd with them, and begot a race.
Have we not seen, or by relation heard,
In Courts and Regal Chambers how thou lurk'st,

Mais que mortais, de graça e discrição,
Sábias na arte do amor, com língua encantam,
Persuasivas, aliam o brando, o doce,
À virgem majestade, mas terríveis 160
De perto, hábeis em fugir, e, em fuga,
Com redes de amor, colhem corações.
Tal objeto é capaz de dominar
As mais severas faces, duros cenhos,
Solver e enervar na ânsia voluptuosa, 165
Com crédulo desejo atraem, dobrando
Ao bel-prazer um peito firme e másculo,
Como um magneto atrai o rijo ferro.
Mulheres, quando nada mais, lograram
O sábio Salomão, que obrou, por elas, 170
E aos Deuses das esposas se curvou."

Rápido, então, lhe respondeu Satã:
"Belial, pesas com balança iníqua
Os outros por ti mesmo, porque há tempos
Deliras com mulheres e admiras 175
Nelas a forma, a cor, e a atração,
E crês que todos caiam nesses jogos.
Ante dilúvio, com lasciva corja,
Falsos Filhos de Deus, correndo a Terra,
Lançaste olhar devasso às filhas do homem 180
E co'elas copulaste nova raça.
Acaso não ouvimos relatarem,
Como espreitaste em câmaras e cortes,

In Wood or Grove by mossie Fountain side,
185 In Valley or Green Meadow, to way-lay
Some beauty rare, Calisto, Clymene,
Daphne, or Semele, Antiopa,
Or Amymone, Syrinx, many more
Too long, then lay'st thy scapes on names ador'd,
190 Apollo, Neptune, Jupiter, or Pan,
Satyr, or Faun, or Silvan? But these haunts
Delight not all; among the Sons of Men,
How many have with a smile made small account
Of beauty and her lures, easily scorn'd
195 All her assaults, on worthier things intent?
Remember that Pellean Conquerour,
A youth, how all the Beauties of the East
He slightly view'd, and slightly over-pass'd;
How hee sirnam'd of Africa dismiss'd
200 In his prime youth the fair Iberian maid.
For Solomon he liv'd at ease, and full
Of honour, wealth, high fare, aim'd not beyond
Higher design then to enjoy his State;
Thence to the bait of Women lay expos'd;
205 But he whom we attempt is wiser far
Then Solomon, of more exalted mind,
Made and set wholly on the accomplishment
Of greatest things; what woman will you find,
Though of this Age the wonder and the fame,
210 On whom his leisure will vouchsafe an eye

Em bosques e arvoredos, em nascentes,
Pelos vales e prados, a abordar 185
Raras beldades, tais como Calisto,
Sêmele, Antíopa, Climene, Dafne,
Ou Siringe, Amimone e muitas outras,
Depois focaste em nomes adorados
Netuno, Apolo, Júpiter ou Pã, 190
Silvano ou Fauno ou Sátiro? Tais gênios
Prazem a poucos; entre os filhos do homem
Quantos, sorrindo, já não desdenharam
O belo e seus encantos, rejeitando
Tais assaltos, no intento do mais digno? 195
Lembra o conquistador peleu, tão jovem,
Como as beldades todas do Oriente
Tão logo as via, logo as recusava;
Como aquele que teve o nome da África
Dispensou, inda moço, a moça ibérica. 200
Pois Salomão viveu tranquilo em plena
Honra, pompa, riqueza, sem ter olhos
A maiores desígnios que seus bens;
E assim caiu na isca das mulheres.
Mas este que tentamos é mais sábio 205
Que Salomão, mais exaltada a mente,
Feito e focado só em realizar
O mais altivo. Que mulher se encontra
Mesmo na era de fama e maravilhas
Que do afazer cative o seu olhar 210

Of fond desire? or should she confident,
As sitting Queen ador'd on Beauties Throne,
Descend with all her winning charms begirt
To enamour, as the Zone of Venus once
215 Wrought that effect on Jove, so Fables tell;
How would one look from his Majestic brow,
Seated as on the top of Vertue's hill,
Discount'nance her despis'd, and put to rout
All her array; her female pride deject,
220 Or turn to reverent awe? for Beauty stands
In the admiration only of weak minds
Led captive; cease to admire, and all her Plumes
Fall flat and shrink into a trivial toy,
At every sudden slighting quite abasht:
225 Therefore with manlier objects we must try
His constancy, with such as have more shew
Of worth, of honour, glory, and popular praise;
Rocks whereon greatest men have oftest wreck'd;
Or that which only seems to satisfie
230 Lawful desires of Nature, not beyond;
And now I know he hungers where no food
Is to be found, in the wide Wilderness;
The rest commit to me, I shall let pass
No advantage, and his strength as oft assay.
235 He ceas'd, and heard thir grant in loud acclaim;
Then forthwith to him takes a chosen band
Of Spirits likest to himself in guile

De desejo? Ou ela, por acaso,
Qual diva audaz no trono da Beleza,
Deveria descer cingida em charmes
Para enlevá-lo, como outrora a cinta
De Vênus, reza a lenda, já surtiu 215
Sobre Jove; do cenho seu, magnânimo,
Ao cume da virtude, como alguém
Com desdém a veria, seus arreios
Lançados à ralé, recusa o orgulho,
Ou se volta em louvor? Só admiram 220
A beleza cativas mentes fracas;
Finda a admiração, é desplumada,
Tornada bagatela trivial,
Vexada co'a maior desatenção:
Sua constância com objetos másculos 225
Nós tentaremos, pois melhor demonstram
Honra, glória, valor, reputação;
Escolhos onde os grandes naufragaram;
Ou o que só aparenta saciar
Justos desejos naturais, não mais. 230
Ora sei que jejua, onde nada
Há que o possa nutrir, no vasto ermo;
Deixai o resto a mim; não cederei
Vantagem, provarei a sua força."
Ele cessou e ouviu a aclamação; 235
E então logo escolheu seleto bando
De espíritos iguais a ele em fel,

To be at hand, and at his beck appear,
If cause were to unfold some active Scene
240 Of various persons, each to know his part;
Then to the Desert takes with these his flight;
Where still from shade to shade the Son of God
After forty days fasting had remain'd,
Now hungring first, and to himself thus said.
245 Where will this end? four times ten days I have pass'd
Wandring this woody maze, and humane food
Nor tasted, nor had appetite; that Fast
To Vertue I impute not, or count part
Of what I suffer here; if Nature need not,
250 Or God support Nature without repast
Though needing, what praise is it to endure?
But now I feel I hunger, which declares,
Nature hath need of what she asks; yet God
Can satisfie that need some other way,
255 Though hunger still remain: so it remain
Without this bodies wasting, I content me,
And from the sting of Famine fear no harm,
Nor mind it, fed with better thoughts that feed
Mee hungring more to do my Fathers will.
260 It was the hour of night, when thus the Son
Commun'd in silent walk, then laid him down
Under the hospitable covert nigh
Of Trees thick interwoven; there he slept,
And dream'd, as appetite is wont to dream,

Para escoltá-lo, ao som de seu comando,
E caso se desdobre cena ativa
Com mais personas, saibam seus papéis; 240
Depois, com estes, parte em voo ao ermo;
Onde o Filho de Deus, de sombra em sombra,
O jejum quaresmal continuava,
E ora sentindo fome, diz consigo:

"Que fim terá? Há quatro vezes dez 245
Dias vago em arbóreo labirinto,
Sem comida provar, sem apetite:
Não é à virtude que o jejum imputo,
Nem parte do que sofro aqui; se falta
Não há na natureza, ou Deus a alenta 250
Sem nutriz, de que vale suportar?
Mas ora sinto fome, isso declara
Que ela tem falta do que pede; Deus,
Porém, sacia a falta de outro modo,
Mesmo restando a fome: e assim resta, 255
Sem que o corpo definhe, me contento
E o mal não temo do ferrão da fome;
Nem o noto e me nutro do que nutre
Um faminto a cumprir do Pai os planos."

Era a hora da noite quando o Filho, 260
Na comunhão do passo silencioso,
Deitou sob cobertor hospitaleiro
Da copa entrelaçada; lá dormiu
E sonhou, como sonha o apetite,

265 Of meats and drinks, Natures refreshment sweet;
Him thought, he by the Brook of Cherith stood
And saw the Ravens with their horny beaks
Food to Elijah bringing Even and Morn,
Though ravenous, taught to abstain from what they brought:
270 He saw the Prophet also how he fled
Into the Desert, and how there he slept
Under a Juniper; then how awakt,
He found his Supper on the coals prepar'd,
And by the Angel was bid rise and eat,
275 And eat the second time after repose,
The strength whereof suffic'd him forty days;
Sometimes that with Elijah he partook,
Or as a guest with Daniel at his pulse.
Thus wore out night, and now the Herald Lark
280 Left his ground-nest, high towring to descry
The morns approach, and greet her with his Song:
As lightly from his grassy Couch up rose
Our Saviour, and found all was but a dream,
Fasting he went to sleep, and fasting wak'd.
285 Up to a hill anon his steps he rear'd,
From whose high top to ken the prospect round,
If Cottage were in view, Sheep-cote or Herd;
But Cottage, Herd or Sheep-cote none he saw,
Only in a bottom saw a pleasant Grove,
290 With chaunt of tuneful Birds resounding loud;
Thither he bent his way, determin'd there

Comes e bebes, natural repasto. 265
Supôs-se então às margens do Querite,
E viu corvos trazendo, em córneos bicos,
Pão, noite e dia, a Elias, que apesar
De curvado de fome, soube abster-se:
Viu o Profeta, como ele fugira 270
Até o deserto, e como lá dormira
Sob o zimbro; e então, ao despertar,
Nos carvões vira pronta sua ceia,
E que um anjo lhe diz, "levanta e come,
E outra vez come após o teu repouso", 275
Força que lhe durou quarenta dias;
Partilhou disso, às vezes, com Elias,
Ou como Daniel com suas favas.
Findava a noite, arauto cotovia,
Deixando o ninho, alçava-se p'ra ver 280
Nascer a aurora, e louva com seu canto.
Também leve, do herboso leito ergueu-se
O Salvador, notando que sonhara,
Em jejum dorme, e em jejum desperta.
Seus passos dirigiu, pois, a um outeiro, 285
De alto cume, a rondar todo o prospecto
Por choupana, redil, ou gado à vista;
Mas nem redil, choupana, ou gado viu,
Um vale apenas, de aprazível bosque,
A retumbar das aves o gorjeio. 290
P'ra lá então rumou, determinado

To rest at noon, and entr'd soon the shade
High rooft and walks beneath, and alleys brown
That open'd in the midst a woody Scene,
295 Natures own work it seem'd (Nature taught Art)
And to a Superstitious eye the haunt
Of Wood-Gods and Wood-Nymphs; he view'd it round,
When suddenly a man before him stood,
Not rustic as before, but seemlier clad,
300 As one in City, or Court, or Palace bred,
And with fair speech these words to him address'd.
With granted leave officious I return,
But much more wonder that the Son of God
In this wild solitude so long should bide
305 Of all things destitute, and well I know,
Not without hunger. Others of some note,
As story tells, have trod this Wilderness;
The Fugitive Bond-woman with her Son
Outcast Nebaioth, yet found he relief
310 By a providing Angel; all the race
Of Israel here had famish'd, had not God
Rain'd from Heaven Manna; and that Prophet bold
Native of Thebez wandring here was fed
Twice by a voice inviting him to eat.
315 Of thee these forty days none hath regard,
Forty and more deserted here indeed.
To whom thus Jesus; What conclud'st thou hence?
They all had need, I as thou seest, have none.

Ao repouso do meio-dia, à sombra
Copada ruma, em bárreas alamedas
Abertas no bucólico cenário;
Como a obra da própria natureza 295
(Que ensina a arte), moradia, ao crédulo,
De ninfas, faunos; observou o entorno,
E súbito se deparou co'um homem,
Não como o de antes, rústico, mas fino,
Dos que em cortes, cidades, paços, vivem, 300
Que, com belo discurso, assim lhe disse:
"Com permissão do ofício meu, retorno,
Mas muito mais me encanta que suportes,
Filho de Deus, tal solidão selvagem
Tão longamente, destituído em tudo, 305
E, bem o sei, tens fome. Outros dignos
De nota já pisaram sobre este ermo:
A escrava fugitiva com seu filho
Proscrito, Nebaiote, aqui encontrou
Alívio, por um anjo; toda a raça 310
De Israel, se não fosse Deus chover
Maná do céu, aqui definharia;
E, ao Profeta de Tisbe, uma voz
Duas vezes convidou a se nutrir.
Dos teus quarenta dias, ninguém soube, 315
Quarenta, e aqui de fato desertados."
E Jesus: "O que disso concluíste?
Pois eles careciam; eu, vês, não."

How hast thou hunger then?, Satan reply'd,
320 Tell me, if Food were now before thee set,
Would'st thou not eat? Thereafter as I like
The giver, answer'd Jesus. Why should that
Cause thy refusal, said the subtle Fiend.
Hast thou not right to all Created things,
325 Owe not all Creatures by just right to thee
Duty and Service, nor to stay till bid,
But tender all thir power? nor mention I
Meats by the Law unclean, or offer'd first
To Idols, those young Daniel could refuse;
330 Nor proffer'd by an Enemy, though who
Would scruple that, with want opprest? behold
Nature asham'd, or better to express,
Troubl'd that thou shouldst hunger, hath purvey'd
From all the Elements her choicest store
335 To treat thee as beseems, and as her Lord
With honour, only deign to sit and eat.
He spake no dream, for as his words had end,
Our Saviour lifting up his eyes beheld
In ample space under the broadest shade
340 A Table richly spred, in regal mode,
With dishes pil'd, and meats of noblest sort
And savour, Beasts of chase, or Fowl of game,
In pastry built, or from the spit, or boyl'd,
Gris-amber-steam'd; all Fish from Sea or Shore,
345 Freshet, or purling Brook, of shell or fin,

"Como tens fome então?" Satã replica.
"Dize, se te ofertassem alimento, 320
Não comerias?", "Talvez, se me apraz
Quem doa," respondeu Jesus. "Por que
Recusarias?", sutil disse o Imigo.
"Não tens direito a toda a criação?
A ti não devem todos, por direito, 325
Tributo e serventia, não negarem,
Mas darem seu poder? Eu não menciono
Repasto impuro às leis, oferta aos ídolos
Que recusou o jovem Daniel;
Nem prestadas pelo inimigo, embora 330
Na falta, quem hesitaria? Vê,
A natureza vexa-se, ou melhor,
Se perturba com tua fome, e colhe,
Dos elementos seus, o mais seleto
Para assim te tratar, honrando a ti 335
Como Senhor. Consente, senta e come."
Não foi de sonho seu dizer; findado,
O Salvador, erguendo os olhos, viu,
Num amplo espaço, sob a maior sombra,
Mesa disposta em modo rico e régio, 340
Com pilhas de acepipes, carnes mais
Nobres e saborosas, caças, aves,
Postas em massas, na panela ou grelha,
No vapor de âmbar gris; pescas, da praia
Ou mar, estuário ou rio, de escama ou concha, 345

And exquisitest name, for which was drain'd
Pontus and Lucrine Bay, and Afric Coast.
Alas how simple, to these Cates compar'd,
Was that crude Apple that diverted Eve!
350 And at a stately side-board by the wine
That fragrant smell diffus'd, in order stood
Tall stripling youths rich clad, of fairer hew
Then Ganymed or Hylas, distant more
Under the Trees now trip'd, now solemn stood
355 Nymphs of Diana's train, and Naiades
With fruits and flowers from Amalthea's horn,
And ladies of th' Hesperides, that seem'd
Fairer then feign'd of old, or fabl'd since
Of Fairy Damsels met in Forest wide
360 By Knights of Logres, or of Lyones,
Lancelot, or Pelleas, or Pellenore,
And all the while Harmonious Airs were heard
Of chiming strings or charming pipes and winds
Of gentlest gale Arabian odors fann'd
365 From their soft wings, and Flora's earliest smells.
Such was the Splendour, and the Tempter now
His invitation earnestly renew'd.

What doubts the Son of God to sit and eat?
These are not Fruits forbidden, no interdict
370 Defends the touching of these viands pure,
Thir taste no knowledge works, at least of evil,
But life preserves, destroys life's enemy,

De extravagantes nomes, pelos quais
Ponto, Lucrino, a Costa áfrica foram
Secos. Perto de tais manjares, quão
Simples era a maçã que extraviou Eva!
Num grave aparador, perto do vinho, 350
A difundir odor fragrante, havia
Jovens altos, em ricos trajes, belos
Mais do que Ganimedes e Hilas; longe,
Saltando sob as copas, ou solenes,
Ninfas da procissão de Diana e Náiades 355
Com fruto e flor do chifre de Amalteia,
E damas das Hespérides, mais belas
Do que narrado nas antigas fábulas
Das donzelas feéricas nos bosques
Co'os cavaleiros de Liones, Logres, 360
Péleas, Lancelote ou Pelinore;
E só se ouviam ares harmoniosos,
Tinem cordas, encantam flautas; brisas
Das mais gentis soprando odores árabes
Das suaves asas, e os primazes cheiros 365
De Flora; entre tamanho esplendor, ora
O Tentador renova seu convite:

"Por que o Filho de Deus não senta e come?
Não são frutos proibidos; interdito
Não há para tocar viandas puras 370
Nenhum saber traz seu sabor, nem mal,
Preserva a vida, e finda a fome

Hunger, with sweet restorative delight.
All these are Spirits of Air, and Woods, and Springs,
375 Thy gentle Ministers, who come to pay
Thee homage, and acknowledge thee thir Lord:
What doubt'st thou Son of God? sit down and eat.
To whom thus Jesus temperately reply'd:
Said'st thou not that to all things I had right?
380 And who withholds my pow'r that right to use?
Shall I receive by gift what of my own,
When and where likes me best, I can command?
I can at will, doubt not, assoon as thou,
Command a Table in this Wilderness,
385 And call swift flights of Angels ministrant
Array'd in Glory on my cup to attend:
Why shouldst thou then obtrude this diligence,
In vain, where no acceptance it can find,
And with my hunger what hast thou to do?
390 Thy pompous Delicacies I contemn,
And count thy specious gifts no gifts but guiles.
To whom thus answer'd Satan, malecontent:
That I have also power to give thou seest,
If of that pow'r I bring thee voluntary
395 What I might have bestow'd on whom I pleas'd,
And rather opportunely in this place
Chose to impart to thy apparent need,
Why shouldst thou not accept it? but I see
What I can do or offer is suspect;

Inimiga, num gozo renovante.
Todos são gênios do ar, florestas, rios,
Teus ministros gentis, que reverências 375
Prestam a ti, Senhor te reconhecem.
Hesitas, Divo Filho? Senta e come."
A quem Jesus replica em temperança:
"Não afirmaste meu direito a tudo?
Quem detém do poder meu tal direito? 380
Darás o que já tenho, por meu dom,
Quando e onde prefiro, ao meu comando?
Posso, à vontade, igual a ti, sem dúvidas,
Comandar uma mesa neste ermo
Com revoada de anjos ministrantes, 385
Banhada em glória, a portar-me o cálice:
Por que irrompes com essa diligência
Em vão, pois que jamais será aceita?
Com minha fome, quê tens tu a ver?
Desdenho tuas faustas iguarias, 390
Não por dons, mas ardis, conto os teus dons."
A quem Satã responde descontente:
"Que eu poder também tenha, tu o vês;
Se com poder te oferto de bom grado
O que eu concederia a quem me apraz, 395
E se oportunamente aqui prefiro
Conferi-lo às carências francas tuas
Por que não podes aceitá-lo? Vejo,
Porém, que tu suspeitas das ofertas.

400 Of these things others quickly will dispose
Whose pains have earn'd the far-fet spoil. With that
Both Table and Provision vanish'd quite
With sound of Harpies wings, and Talons heard;
Only the importune Tempter still remain'd,
405 And with these words his temptation pursu'd.
By hunger, that each other Creature tames,
Thou art not to be harm'd, therefore not mov'd;
Thy temperance invincible besides,
For no allurement yields to appetite,
410 And all thy heart is set on high designs,
High actions; but wherewith to be atchiev'd?
Great acts require great means of enterprise,
Thou art unknown, unfriended, low of birth,
A Carpenter thy Father known, thy self
415 Bred up in poverty and streights at home;
Lost in a Desert here and hunger-bit:
Which way or from what hope dost thou aspire
To greatness? whence Authority deriv'st,
What Followers, what Retinue canst thou gain,
420 Or at thy heels the dizzy Multitude,
Longer then thou canst feed them on thy cost?
Money brings Honour, Friends, Conquest, and Realms;
What rais'd Antipater the Edomite,
And his Son Herod plac'd on Juda's Throne;
425 (Thy throne) but gold that got him puissant friends?
Therefore, if at great things thou wouldst arrive,

Desses bens outros logo fruirão, 400
Cujas dores merecem farto espólio."
Logo, a mesa e seus pratos evanescem,
Com som de asas de harpias e de garras;
Restava o Tentador inoportuno,
E à tentação assim continuou: 405
"Pela fome, que doma as criaturas,
Não sofres mal, e assim não és movido;
A tua temperança é invencível,
Pois que não cede às graças do apetite;
Mira teu coração ações excelsas, 410
E desígnios. Mas como consegui-los?
Grandes ações requerem grandes meios;
Não tens aliados, fama, ou sangue nobre,
Teu pai reconhecido é carpinteiro,
Tu criado em pobreza, a duras penas, 415
Faminto e no deserto aqui perdido:
De que maneira ou esperança aspiras
À grandeza? Por qual autoridade
Buscas ganhar que séquito, que adeptos,
Ou a teus pés a tonta multidão, 420
Sem os poder nutrir às custas tuas?
O ouro traz honra, aliados, triunfo e reino.
O que ascendeu Antípatro, o Edomita,
Ao trono de Judá (teu trono), e Herodes,
Senão o ouro, que comprou-lhe aliados? 425
Pois, se queres chegar a grandes coisas,

Get Riches first, get Wealth, and Treasure heap,
Not difficult, if thou hearken to me,
Riches are mine, Fortune is in my hand;
430 They whom I favour thrive in wealth amain,
While Vertue, Valor, Wisdom, sit in want.
To whom thus Jesus patiently reply'd;
Yet Wealth without these three is impotent,
To gain dominion or to keep it gain'd.
435 Witness those antient Empires of the Earth,
In highth of all thir flowing wealth dissolv'd:
But men endu'd with these have oft attain'd
In lowest poverty to highest deeds;
Gideon and Jephtha, and the Shepherd lad,
440 Whose off-spring on the Throne of Juda sat
So many Ages, and shall yet regain
That seat, and reign in Israel without end.
Among the Heathen, (for throughout the World
To me is not unknown what hath been done
445 Worthy of Memorial) canst thou not remember
Quintius, Fabricius, Curius, Regulus?
For I esteem those names of men so poor
Who could do mighty things, and could contemn
Riches though offer'd from the hand of Kings.
450 And what in me seems wanting, but that I
May also in this poverty as soon
Accomplish what they did, perhaps and more?
Extol not Riches then, the toyl of Fools,

Riqueza arranja antes, e tesouros,
Muito fácil, se ouvidos tu me deres:
Riqueza é minha, à mão trago a Fortuna;
Quem favoreço medra em abastança, 430
Quando mirram valor, saber, virtude."

A quem Jesus replica em paciência:
"Mas sem os três, riqueza é impotente
Para ganhar domínio e manter ganho.
Vê os antigos impérios sobre a Terra, 435
Diluídos no dilúvio da riqueza;
Mas, dotados dos três, alçaram muitos
Melhores feitos na pior miséria;
Gideão e Jefté e o pastor cuja
Prole sentou no trono de Judá 440
Por tanto tempo, que reconquistará
O assento e reinará sem fim Israel.
Entre os pagãos (pois que não me é ignoto
No mundo todo o que foi feito, digno
De memória) acaso não te lembras 445
De Régulo, Fabrício, Quíntio e Cúrio?
Pois os homens estimo que, tão pobres,
Grandes coisas puderam, desdenhando
Riqueza, mesmo que das mãos de reis.
E o que carece em mim, senão poder 450
Também nesta pobreza conseguir,
Logo, o que conseguiram, talvez mais?
O ouro não louve, lida é para os tolos,

The wise mans cumbrance if not snare, more apt
455 To slacken Vertue and abate her edge,
Then prompt her to do aught may merit praise.
What if with like aversion I reject
Riches and Realms; yet not for that a Crown,
Golden in shew, is but a wreath of thorns,
460 Brings dangers, troubles, cares, and sleepless nights
To him who wears the Regal Diadem,
When on his shoulders each mans burden lies;
For therein stands the office of a King,
His Honour, Vertue, Merit and chief Praise,
465 That for the Publick all this weight he bears.
Yet he who reigns within himself, and rules
Passions, Desires, and Fears, is more a King;
Which every wise and vertuous man attains:
And who attains not, ill aspires to rule
470 Cities of men, or head-strong Multitudes,
Subject himself to Anarchy within,
Or lawless passions in him, which he serves.
But to guide Nations in the way of truth
By saving Doctrine, and from errour lead
475 To know, and knowing worship God aright,
Is yet more Kingly; this attracts the Soul,
Governs the inner man, the nobler part,
That other o're the body only reigns,
And oft by force, which to a generous mind
480 So reigning can be no sincere delight.

De sábios fardo, embuste; mais capaz
De cegar da virtude o fio, frouxá-la, 455
Que de levá-la a atos meritórios.
E se eu rejeito com o mesmo entejo
Reino e riqueza? Mas não é por isso
Que áureas coroas láureas são de espinhos,
Trazem riscos, cuidados, dor e insônia 460
A quem trajar o régio diadema,
Quando em seus ombros jaz do mundo o fardo:
Pois o ofício de um rei nisso repousa,
Seu mérito, louvor, virtude e honra.
Que pelo público suporta o peso, 465
Mas quem reina em si próprio e governa
Paixão, medo e querer, é mais que rei;
Que todo sábio e virtuoso almeja:
Quem não almeja, errado quer reinar
Cidades de homens, multidões tenazes, 470
Ele próprio sujeito à anarquia
Em si, paixões sem lei, das quais é servo.
Guiar nações na via da verdade
Resguardando as doutrinas, longe do erro,
Saber, sabendo venerar seu Deus, 475
Isso é mais régio; isso atrai a alma,
Reina o âmago do homem, nobre parte;
A outra sobre o corpo só domina,
E amiúde à força: tal reinar não é
Franco deleite à mente generosa. 480

Besides to give a Kingdom hath been thought
Greater and nobler done, and to lay down
Far more magnanimous, then to assume.
Riches are needless then, both for themselves,
485 And for thy reason why they should be sought,
To gain a Scepter, oftest better miss't.

E antes julgavam que ceder reinado
Era maior, mais nobre, e que abdicar,
Mais magnânimo fora que assumir.
Inútil é a riqueza; de que vale
Buscá-la, quer por eles, quer por ti, 485
Para um cetro ganhar, melhor perdido?”

THE THIRD BOOK

So spake the Son of God, and Satan stood
A while as mute confounded what to say,
What to reply, confuted and convinc't
Of his weak arguing and fallacious drift;
5 At length collecting all his Serpent wiles,
With soothing words renew'd, him thus accosts.
I see thou know'st what is of use to know,
What best to say canst say, to do canst do;
Thy actions to thy words accord, thy words
10 To thy large heart give utterance due, thy heart
Conteins of good, wise, just, the perfect shape.
Should Kings and Nations from thy mouth consult,
Thy Counsel would be as the Oracle
Urim and Thummim, those oraculous gems
15 On Aaron's breast, or tongue of Seers old
Infallible; or wert thou sought to deeds
That might require th' array of war, thy skill
Of conduct would be such, that all the world
Could not sustain thy Prowess, or subsist
20 In battel, though against thy few in arms.
These God-like Vertues wherefore dost thou hide?

TERCEIRO LIVRO

Tendo o Filho de Deus falado, mudo
E confuso Satã ia pensando
No que dizer; sabia que era fraca
Sua argumentação falaciosa;
Vagaroso, o veneno reunia. 5
Então, palavras novas ele disse:
"Vejo que sabes tudo que se deve,
O melhor a dizer tu me disseste
Tuas ações correspondem a tua fala,
E a tua fala ao teu grande coração, 10
Que em tudo é bom, perfeito, sábio e justo.
Fossem reis e nações te consultar
Teu conselho seria como o oráculo
De Urim e Tumim, aquelas gemas
Adivinhas de Aarão, ou infalíveis 15
Videntes; se tu fores necessário
Em assuntos de guerra, tua perícia
De conduta tão grande iria ser
Que o mundo não resistiria a ti,
Mesmo que em minoria pelejasses. 20
Por que esconder virtudes divinais?

Affecting private life, or more obscure
In savage Wilderness, wherefore deprive
All Earth her wonder at thy acts, thy self
25 The fame and glory, glory the reward
That sole excites to high attempts the flame
Of most erected Spirits, most temper'd pure
Æthereal, who all pleasures else despise,
All treasures and all gain esteem as dross,
30 And dignities and powers, all but the highest?
Thy years are ripe, and over-ripe, the Son
Of Macedonian Philip had e're these
Won Asia and the Throne of Cyrus held
At his dispose, young Scipio had brought down
35 The Carthaginian pride, young Pompey quell'd
The Pontic king and in triumph had rode.
Yet years, and to ripe years judgment mature,
Quench not the thirst of glory, but augment.
Great Julius, whom now all the world admires
40 The more he grew in years, the more inflam'd
With glory, wept that he had liv'd so long
Inglorious: but thou yet art not too late.
To whom our Saviour calmly thus reply'd.
Thou neither dost perswade me to seek wealth
45 For Empires sake, nor Empire to affect
For glories sake by all thy argument.
For what is glory but the blaze of fame,
The people's praise, if always praise unmixt?

Por que privar, neste deserto, a Terra
Dos teus atos que são maravilhosos,
Fingindo-te privado ou obscuro,
Sendo tu mesmo a glória, glória ou prêmio 25
Que excita altos esforços, do desejo
De elevados espíritos puríssimos
Etéreos, que desprezam o prazer todo
E descartam todos os tesouros
Poderes e honras, menos as virtudes? 30
Estás já mais do que maduro, o filho
De Felipe da grande Macedônia
Tua idade tinha quando conquistou
De Ciro a Ásia, jovem Cipião
Arruinou Cartago, Pompeu jovem 35
Derrotou o rei pôntico e triunfou.
Ainda que maduro o julgamento,
Aumenta sem matar da glória a sede.
O Júlio, que hoje o mundo tanto admira,
Quanto mais velho em anos mais se ardia 40
Por glória, pois viveu por tanto tempo
Inglório: mas ainda tens mais tempo."
Respondeu calmamente o Salvador:
"Tu não me convenceste a procurar
Nem por riqueza e nem sequer por reinos 45
Com o teu argumento. E o que é a glória
Senão fulgor da fama, pois que o povo,
Sem diferença, qualquer homem louva?

And what the people but a herd confus'd,
50 A miscellaneous rabble, who extol
Things vulgar, & well weigh'd, scarce worth the praise,
They praise and they admire they know not what;
And know not whom, but as one leads the other;
And what delight to be by such extoll'd,
55 To live upon thir tongues and be thir talk,
Of whom to be disprais'd were no small praise?
His lot who dares be singularly good.
Th' intelligent among them and the wise
Are few, and glory scarce of few is rais'd.
60 This is true glory and renown, when God
Looking on the Earth, with approbation marks
The just man, and divulges him through Heaven
To all his Angels, who with true applause
Recount his praises; thus he did to Job,
65 When to extend his fame through Heaven & Earth,
As thou to thy reproach mayst well remember,
He ask'd thee, 'hast thou seen my servant Job?'
Famous he was in Heaven; on Earth less known;
Where glory is false glory, attributed
70 To things not glorious, men not worthy of fame.
They err who count it glorious to subdue
By Conquest far and wide, to over-run
Large Countries, and in field great Battels win,
Great Cities by assault: what do these Worthies,
75 But rob and spoil, burn, slaughter, and enslave

E não seria o povo só um rebanho,
Confusa e vária turba que o vulgar 50
Exalta e pouco dá valor ao mérito?
O que admiram sequer eles conhecem
Nem a quem, o que um faz, os outros seguem;
Mas onde está a delícia de ser louvado
Por eles e viver em suas línguas, 55
Se um vultoso elogio é o seu insulto?
Os que desse povo ousam, são melhores.
Sábios e inteligentes poucos são
E pouca glória ganham, porque poucos.
A verdadeira glória é esta: Deus, 60
Quando olha para a Terra, marca o justo
E pelos Céus divulga para os anjos,
E estes com verdadeiro aplauso contam
Seus louvores; assim com Jó foi feito
P'ra estender sua fama pelo Céu, 65
P'ra tua acusação, deves lembrar,
Deus perguntou: 'Tu viste o servo Jó?'
Famoso era no Céu; na Terra menos,
Onde tal glória é falsa glória, dada
Aos inglórios que fama não merecem. 70
Errados os que contam glorioso
Subjugar os longínquos e os extensos
Países, vencer prélios e cidades;
O que esses valorosos homens fazem?
Só roubam, pilham, queimam, matam, prendem 75

Peaceable Nations, neighbouring or remote,
Made Captive, yet deserving freedom more
Then those thir Conquerours, who leave behind
Nothing but ruin wheresoe're they rove,
80 And all the flourishing works of peace destroy,
Then swell with pride, and must be titl'd Gods,
Great Benefactors of mankind, Deliverers,
Worship't with Temple, Priest, and Sacrifice;
One is the Son of Jove, of Mars the other,
85 Till Conquerour Death discover them scarce men,
Rowling in brutish vices, and deform'd,
Violent or shameful death thir due reward.
But if there be in glory aught of good,
It may by means far different be attain'd
90 Without ambition, war, or violence;
By deeds of peace, by wisdom eminent,
By patience, temperance; I mention still
Him whom thy wrongs with Saintly patience born,
Made famous in a Land and times obscure;
95 Who names not now with honour patient Job?
Poor Socrates, (who next more memorable?)
By what he taught and suffer'd for so doing,
For truths sake suffering death unjust, lives now
Equal in fame to proudest Conquerours.
100 Yet if for fame and glory aught be done,
Aught suffer'd; if young African for fame
His wasted Country freed from Punic rage,

Nações de paz, vizinhas ou remotas,
Cativas, merecendo a liberdade
Mais que os conquistadores seus, que deixam
Nada além de ruína por onde vagam,
Destroem todo florescer da paz 80
Incham de orgulho e se intitulam deuses,
Libertadores, grandes benfeitores,
Adorados, têm templo e sacrifícios,
Um é filho de Jove, outro de Marte,
Até que a Morte os conquiste vis e fracos 85
Entre vícios brutais e deformados
A recompensa é morte violenta.
Porém, se houver na glória algo de bom,
Por meios diferentes se conquista
Sem ambição ou guerra ou violência; 90
Com ingente saber e atos de paz
Paciência e temperança, inda menciono
O santo paciente com teus erros,
Que se afamou em terra e tempo obscuros;
Quem não diz que tem honra Jó paciente? 95
Segundo memorável: pobre Sócrates
Ensinou e sofreu por tê-lo feito;
Pela verdade, morte injusta; vive
Igual em fama aos vãos conquistadores,
Mas se por fama e glória algo se faz, 100
Algo se sofre; o jovem Africano
Se livrasse o país do ódio púnico

The deed becomes unprais'd, the man at least,
And loses, though but verbal, his reward.
105 Shall I seek glory then, as vain men seek
Oft not deserv'd? I seek not mine, but his
Who sent me, and thereby witness whence I am.
To whom the Tempter murmuring thus reply'd.
Think not so slight of glory: therein least
110 Resembling thy great Father: he seeks glory,
And for his glory all things made, all things
Orders and governs, nor content in Heaven
By all his Angels glorifi'd, requires
Glory from men, from all men good or bad,
115 Wise or unwise, no difference, no exemption;
Above all Sacrifice, or hallow'd gift
Glory he requires, and glory he receives
Promiscuous from all Nations, Jew, or Greek,
Or Barbarous, nor exception hath declar'd;
120 From us his foes pronounc't glory he exacts.
To whom our Saviour fervently reply'd.
And reason; since his word all things produc'd,
Though chiefly not for glory as prime end,
But to show forth his goodness, and impart
125 His good communicable to every soul
Freely; of whom what could he less expect
Then glory and benediction, that is thanks,
The slightest, easiest, readiest recompence
From them who could return him nothing else,

Só pela fama, glória não teria,
Mas perde, embora verbo, a recompensa.
Devo eu buscar a glória como os vãos, 105
Imérita a miúdo? Não a minha,
Mas Dele, e testemunho donde sou."
Murmura o Tentador lhe respondendo:
"Não menosprezes tanto a glória: pouco
Pareces com teu Pai, que busca a glória 110
E p'ra sua glória tudo fez e tudo
Ordena e rege, nunca satisfeito
Nos Céus co'a glória angélica, requer
Glória dos homens, homens bons ou maus,
Sábios ou tolos, pouco importa: todos; 115
Mais que sagrado dom ou sacrifício,
Glória ele requer, glória ele recebe,
Promíscuo, de nações judias, gregas
Ou bárbaras, jamais fez exceção
Até de nós, sabidos inimigos." 120
A ele, o Salvador co'ardor responde:
"Com razão, sua palavra criou tudo,
Embora o primo fim não fora a glória
E sim mostrar o bem, disseminar
Seu bem a toda alma comungável 125
Livremente; o que menos esperar
Senão a glória, a bênção, gratidão,
A leve, fácil, pronta recompensa
De quem não tem mais nada a dar em troca

130 And not returning that would likeliest render
Contempt instead, dishonour, obloquy?
Hard recompense, unsutable return
For so much good, so much beneficence.
But why should man seek glory? who of his own
135 Hath nothing, and to whom nothing belongs
But condemnation, ignominy, and shame?
Who for so many benefits receiv'd
Turn'd recreant to God, ingrate and false,
And so of all true good himself despoil'd,
140 Yet, sacrilegious, to himself would take
That which to God alone of right belongs;
Yet so much bounty is in God, such grace,
That who advance his glory, not thir own,
Them he himself to glory will advance.
145 So spake the Son of God; and here again
Satan had not to answer, but stood struck
With guilt of his own sin, for he himself
Insatiable of glory had lost all,
Yet of another Plea bethought him soon.
150 Of glory as thou wilt, said he, so deem,
Worth or not worth the seeking, let it pass:
But to a Kingdom thou art born, ordain'd
To sit upon thy Father David's Throne;
By Mothers side thy Father, though thy right
155 Be now in powerful hands, that will not part
Easily from possession won with arms;

E não lhe dando isso, o que lhe rende, 130
Senão desdém, desonra e a desgraça?
Sofrida recompensa inaceitável
Para tanta bondade e tanto bem.
Mas por que o homem busca a glória?
A sós, nada detém e nada lhe pertence, 135
Só danação, vergonha e ignomínia.
Com tanto benefício recebido,
Quem pode ser com Deus ingrato e falso
E despido do verdadeiro bem,
Sacrílego tomar p'ra si aquilo 140
Que por direito só a Deus pertence?
Há tanto bem em Deus e tanta graça
Que os que exaltam sua glória, e não a própria,
Ele próprio os exalta para a glória."
Falou o Divo Filho e, novamente 145
Sem resposta, Satã ficou ferido
Por sua culpa e pecado que ele mesmo
De insaciável glória perdeu tudo.
Ainda em outro apelo ele pensou:
"Se a glória consideras" ele disse, 150
"Se vale ou não a busca, deixa estar:
Mas p'r'um reino és nascido e ordenado
A ter o trono do teu pai, Davi,
Teu pai pela linhagem de tua Mãe,
O teu direito está em férreas mãos 155
Que o prêmio ganho em armas nunca cedem,

Judæa now and all the promis'd land
Reduc't a Province under Roman yoke,
Obeys Tiberius; nor is always rul'd
160 With temperate sway; oft have they violated
The Temple, oft the Law with foul affronts,
Abominations rather, as did once
Antiochus: and think'st thou to regain
Thy right by sitting still or thus retiring?
165 So did not Machabeus: he indeed
Retir'd unto the Desert, but with arms;
And o're a mighty King so oft prevail'd
That by strong hand his Family obtain'd,
Though Priests, the Crown, and David's Throne usurp'd,
170 With Modin and her Suburbs once content.
If Kingdom move thee not, let move thee Zeal,
And Duty; Zeal and Duty are not slow;
But on Occasions forelock watchful wait.
They themselves rather are occasion best,
175 Zeal of thy Fathers house, Duty to free
Thy Country from her Heathen servitude;
So shalt thou best fullfil, best verifie
The Prophets old, who sung thy endless raign,
The happier raign the sooner it begins,
180 Raign then; what canst thou better do the while?
To whom our Saviour answer thus return'd.
All things are best fulfil'd in their due time,
And time there is for all things, Truth hath said:

Judeia agora e a Terra Prometida
Sob o jugo de Roma são província
Que obedece a Tibério; nem é sempre
Com temperança reinada, frequentes 160
Violações ao templo, à Lei, terríveis
As abominações, como fizera
Antíoco; e tu pensas em ganhar
Teu trono, numa espera retirada?
Pois Macabeu não fez assim, de fato, 165
Se afastou no deserto, mas com armas,
E sobre um poderoso rei tanto venceu
Que uma família obteve e usurpou
Templos, coroa e trono de Davi,
Modin e o entorno outrora já contentes. 170
Se reinar não te move, que o fervor,
Dever e fervor, movam, pois não tardam:
Vigilantes esperam a ocasião.
Pois que a melhor ocasião são eles,
Fervor da casa do teu pai, dever 175
Para livrar a pátria dos pagãos;
Melhor tu verificas, concretizas
Os profetas antigos que cantaram
Teu eterno reinado; mais feliz,
Se antes começas, reina; quem melhor?" 180
Assim responde o nosso Salvador:
"As coisas se completam no seu tempo
E tempo há para tudo, tu disseste:

If of my raign Prophetic Writ hath told,
185 That it shall never end, so when begin
The Father in his purpose hath decreed,
He in whose hand all times and seasons roul.
What if he hath decreed that I shall first
Be try'd in humble state, and things adverse,
190 By tribulations, injuries, insults,
Contempts, and scorns, and snares, and violence;
Suffering, abstaining, quietly expecting
Without distrust or doubt, that he may know
What I can suffer, how obey? who best
195 Can suffer, best can do; best reign, who first
Well hath obey'd; just tryal e're I merit
My exaltation without change or end.
But what concerns it thee when I begin
My everlasting Kingdom? Why art thou
200 Sollicitous, what moves thy inquisition?
Know'st thou not that my rising is thy fall,
And my promotion will be thy destruction?
To whom the Tempter, inly rackt reply'd.
Let that come when it comes; all hope is lost
205 Of my reception into grace; what worse?
For where no hope is left, is left no fear;
If there be worse, the expectation more
Of worse torments me then the feeling can.
I would be at the worst; worst is my Port,
210 My harbour and my ultimate repose,

Se profetas meu reino já previram
Que ele será eterno, seu começo 185
O Pai em seu propósito decreta,
Em suas mãos o tempo e as estações.
E se ele decretou que antes eu devo
Ser humilde, tentado em mundo adverso
Com insultos, injúrias, turbulências, 190
Armadilhas, desdém, desprezo e ódio;
Abstêmio, sofrendo e esperando,
Sem duvidar que sabe o quanto aguento
E como obedeço? Quem melhor suporta
Sofrer, melhor faz; reina melhor quem 195
Primeiro obedeceu; provação justa
Por minha exaltação serena e eterna.
Porém, por que te importas se eu começo
Meu reino sempiterno? Por que estás
Solícito? Por que tua inquisição? 200
Não sabes? Minha ascese é tua queda,
E minha promoção, tua ruína."
No íntimo doído, Satã disse:
"Venha quando vier; foi-se a esperança
De ser aceito em Graça; o que é pior? 205
Pois, se não há esperança, não há medo.
Se houver algo pior, a expectativa
Do pior me aflige mais que o sentimento.
Seria péssimo, meu porto péssimo,
Minha costa, meu último repouso, 210

The end I would attain, my final good.
My error was my error, and my crime
My crime; whatever for itself condemn'd,
And will alike be punish'd; whether thou
215 Raign or raign not; though to that gentle brow
Willingly I could fly, and hope thy raign,
From that placid aspect and meek regard,
Rather then aggravate my evil state,
Would stand between me and thy Fathers ire,
220 (Whose ire I dread more then the fire of Hell)
A shelter and a kind of shading cool
Interposition, as a summers cloud.
If I then to the worst that can be hast,
Why move thy feet so slow to what is best,
225 Happiest both to thy self and all the world,
That thou who worthiest art should'st be thir King?
Perhaps thou linger'st in deep thoughts detain'd
Of the enterprize so hazardous and high;
No wonder, for though in thee be united
230 What of perfection can in man be found,
Or human nature can receive, consider
Thy life hath yet been private, most part spent
At home, scarce view'd the Gallilean Towns,
And once a year Jerusalem, few days
235 Short sojourn; and what thence could'st thou observe?
The world thou hast not seen, much less her glory,
Empires, and Monarchs, and thir radiant Courts,

O fim mais almejado, o bem final.
Meu erro foi meu erro, e o meu crime
Foi meu crime; indifere, condenado
Por si mesmo, e será punido; reines
Ou não; mas voaria à gentil face, 215
Feliz, e esperaria teu reinado
De olhar humilde e plácida aparência,
Ao invés de agravar meu infortúnio
Pois entre mim e a ira do teu Pai
(Ira que eu temo mais que infernal fogo) 220
Um frescor e um abrigo quase umbroso
Interpõem-se qual nuvem de verão.
Se me apresso ao mais péssimo possível,
Por que ao melhor teu pé moroso move
Felicidade tua e do universo 225
Se tu serias rei valorosíssimo?
Em profundo pensar talvez demores,
Sobre empreitada excelsa e perigosa:
Vê-se, pois, apesar de em ti se unir
O que no homem se encontra de perfeito 230
E o que cabe em humana natureza,
Considera: tua vida foi privada,
Gasta em casa, mal viste a Galileia
E ao ano uma vez Jerusalém
Em curta estada; o que pudeste ver? 235
Mal viste o mundo; a glória ainda menos
Faustas cortes, impérios, monarquias

Best school of best experience, quickest in sight
In all things that to greatest actions lead.
240 The wisest, unexperienc't, will be ever
Timorous and loth, with novice modesty,
(As he who seeking Asses found a Kingdom)
Irresolute, unhardy, unadventrous:
But I will bring thee where thou soon shalt quit
245 Those rudiments, and see before thine eyes
The Monarchies of the Earth, thir pomp and state,
Sufficient introduction to inform
Thee, of thy self so apt, in regal Arts,
And regal Mysteries; that thou may'st know
250 How best their opposition to withstand.
With that (such power was giv'n him then) he took
The Son of God up to a Mountain high.
It was a Mountain at whose verdant feet
A spatious plain outstretch't in circuit wide
255 Lay pleasant; from his side two rivers flow'd,
Th' one winding, th' other strait, and left between
Fair Champain with less rivers interveind,
Then meeting joyn'd thir tribute to the Sea:
Fertil of corn the glebe, of oyl and wine,
260 With herds the pastures throng'd, with flocks the hills,
Huge Cities and high towr'd, that well might seem
The seats of mightiest Monarchs, and so large
The Prospect was, that here and there was room
For barren desert fountainless and dry.

Melhor experiência e escola, rápida
Compreensão do que guia os grandes atos.
Sem experiência, o sábio será sempre 240
Modesto, relutante e temeroso
(Qual quem buscando asnos reino achou)
Desventuroso, incerto e indolente:
Aonde te levarei deixarás rápido
Tais rudimentos, e verão teus olhos 245
Monarquias da Terra, estado e pompa,
Introdução que basta p'ra informar-te
De ti, que és tão capaz nas régias artes
E nos régios mistérios; que assim saibas
Quanto essa oposição pode aguentar." 250
Foi-lhe dado o poder então: levou
Para uma alta montanha o Divo Filho.
Nos verdes pés dessa montanha havia
Planície espaçosa em largo círculo
Agradável; dois rios fluem ao lado 255
Um reto, o outro curvo, entre eles, bela
Campina, onde os rios se enlaçam menos,
Depois, em seu tributo ao mar, se juntam:
Gleba fértil de grãos e óleo e vinho;
De reses fartos pastos e colinas; 260
Grandes cidades e altas torres lembram
Tronos de reis fortíssimos, tão grande
O prospecto que aqui e ali cabiam
Ermos estéreis, secos e sem fontes.

265 To this high mountain top the Tempter brought
Our Saviour, and new train of words began.
Well have we speeded, and o're hill and dale,
Forest and field, and flood, Temples and Towers
Cut shorter many a league; here thou behold'st
270 Assyria and her Empires antient bounds,
Araxes and the Caspian lake, thence on
As far as Indus East, Euphrates West,
And oft beyond; to South the Persian Bay,
And inaccessible the Arabian drouth:
275 Here Ninevee, of length within her wall
Several days journey, built by Ninus old,
Of that first golden Monarchy the seat,
And seat of Salmanassar, whose success
Israel in long captivity still mourns;
280 There Babylon the wonder of all tongues,
As antient, but rebuilt by him who twice
Judah and all thy Father David's house
Led captive, and Jerusalem laid waste,
Till Cyrus set them free; Persepolis
285 His city there thou seest, and Bactra there;
Ecbatana her structure vast there shews,
And Hecatompylos her hunderd gates,
There Susa by Choaspes, amber stream,
The drink of none but Kings; of later fame
290 Built by Emathian, or by Parthian hands,
The great Seleucia, Nisibis, and there

A essa alta montanha Satã trouxe 265
O Salvador e novas coisas disse.
"Aceleramos bem sobre colina,
Floresta, campo, água, templos, torres
Cortamos léguas várias, e aqui vês
As fronteiras do velho império assírio 270
Araxes, cáspio lago, e ainda ao longe
Eufrates ao oeste, o Indo ao leste,
E mais além ao sul baía persa,
E da Arábia a secura inacessível;
Aqui Nínive, larga: muitos dias 275
De jornada, por Ninus ancião feita,
O trono da prima áurea monarquia,
E de Salmaneser, cujo sucesso
A cativa Israel ainda chora;
Babilônia, de toda língua pródiga, 280
Velha e refeita por quem duas vezes
Judá e toda a casa de Davi
Prendeu e arruinou Jerusalém,
Até que Ciro os libertou; Persépolis,
Cidade que ali vês, e Báctria lá; 285
Ecbátana tão vasta de estrutura,
Lá Hecatômpilos de cem portões,
Lá vês Susa e Coaspes, córrego âmbar,
Bebida só de reis; de tarda fama
Criada por mão partas ou emátias 290
Grande Selêucia, Nísibe e além

Artaxata, Teredon, Tesiphon,
Turning with easie eye thou may'st behold.
All these the Parthian, now some Ages past,
295 By great Arsaces led, who founded first
That Empire, under his dominion holds
From the luxurious Kings of Antioch won.
And just in time thou com'st to have a view
Of his great power; for now the Parthian king
300 In Ctesiphon hath gather'd all his Host
Against the Scythian, whose incursions wild
Have wasted Sogdiana; to her aid
He marches now in hast; see, though from far,
His thousands, in what martial equipage
305 They issue forth, Steel Bows, and Shafts their arms,
Of equal dread in flight, or in pursuit;
All Horsemen, in which fight they most excel;
See how in warlike muster they appear,
In Rhombs and wedges, and half-moons, and wings.
310 He look't and saw what numbers numberless
The City gates out powr'd, light armed Troops
In coats of Mail and military pride;
In Mail thir horses clad, yet fleet and strong,
Prauncing their riders bore, the flower and choice
315 Of many Provinces from bound to bound;
From Arachosia, from Candaor East,
And Margiana to the Hyrcanian cliffs
Of Caucasus, and dark Iberian dales,

Teredon, Artaxata, Ctesifonte
Com leve olhar tu podes contemplar.
Tudo isso o parto, que em passadas eras
Fundou primaz, guiado pelo Ársaces, 295
Aquele império sob o seu domínio,
Por faustos reis antíocos vencido.
E em tempo vieste tu para observar
Seu grande poderio, pois o rei parto
Reuniu sua legião em Ctesifonte 300
Contra os citas, que em brutas incursões
Sogdiana arrasaram; para auxílio
Ele marcha com pressa; vê, de longe
Seus milhares com armas marciais
Avançam, co'arcos férreos e com setas 305
Inspiram igual medo em fuga ou caça;
Cavaleiros, no prélio excelentes;
Vê como em pose bélica se alinham
Em alas, meias-luas, quadros e ângulos."

Olhou e viu inumeráveis números 310
Que os portões transbordavam, tropas várias
De leves armas, cotas e orgulhosos;
Vestem malha os cavalos, fortes e ágeis,
Trotando os cavaleiros, flor e escolha
De ponta a ponta entre províncias várias 315
A leste, de Aracósia e de Candar,
Margiana e dos montes da Hircânia,
Negros vales ibérios e do Cáucaso,

From Atropatia and the neighbouring plains
320 Of Adiabene, Media, and the South
Of Susiana, to Balsara's hav'n.
He saw them in thir forms of battell rang'd,
How quick they wheel'd, and flying behind them shot
Sharp sleet of arrowie showers against the face
325 Of thir pursuers, and overcame by flight;
The field all iron cast a gleaming brown,
Nor wanted clouds of foot, nor on each horn,
Cuirassiers all in steel for standing fight;
Chariots or Elephants endorst with Towers
330 Of Archers, nor of labouring Pioners
A multitude with Spades and Axes arm'd
To lay hills plain, fell woods, or valleys fill,
Or where plain was raise hill, or over-lay
With bridges rivers proud, as with a yoke;
335 Mules after these, Camels and Dromedaries,
And Waggons fraught with Utensils of war.
Such forces met not, nor so wide a camp,
When Agrican with all his Northern powers
Besieg'd Albracca, as Romances tell;
340 The City of Gallaphrone, from thence to win
The fairest of her Sex Angelica
His daughter, sought by many Prowest Knights,
Both Paynim, and the Peers of Charlemane.
Such and so numerous was thir Chivalrie;
345 At sight whereof the Fiend yet more presum'd,

De Atropátia e planícies ao redor
Adiabena, Média, e pelo sul 320
De Susiana ao porto de Balsara.
Em forma de batalha os viu, quão rápido
Manobram e fugindo atrás atiram
Saraivadas contra o rosto imigo,
Dos perseguidores em fuga vencem; 325
O campo férreo fulge em cor castanha,
Não carecem de pés, nem as trombetas
De couraças metálicas p'ra luta;
Carruagens e elefantes com suas torres
De arqueiros, nem peões atarefados, 330
Turba, que armada com machados, pás,
Aplainam montes, vales e florestas,
Ou do plano erguem monte, ou sobrepõem
Com pontes rios vaidosos qual com jugo;
Mulas, depois, camelos, dromedários 335
E carros cheios de utensílios bélicos.
Não se comparam forças tais e campo,
Quando Agricano e seus campeões do Norte
Sitiando Albraca, contam o romance
De Galafrone para conquistar 340
Angélica, a mais bela do seu sexo,
Filha, por grandes nobres procurada,
Pares de Carlos Magno e por pagãos.
Era a cavalaria tal, tamanha,
Que mais a vista presumiu o imigo, 345

And to our Saviour thus his words renew'd.
That thou may'st know I seek not to engage
Thy Vertue, and not every way secure
On no slight grounds thy safety; hear, and mark
350 To what end I have brought thee hither and shewn
All this fair sight; thy Kingdom though foretold
By Prophet or by Angel, unless thou
Endeavour, as thy Father David did,
Thou never shalt obtain; prediction still
355 In all things, and all men, supposes means,
Without means us'd, what it predicts revokes.
But say thou wer't possess'd of David's Throne
By free consent of all, none opposite,
Samaritan or Jew; how could'st thou hope
360 Long to enjoy it quiet and secure,
Between two such enclosing enemies
Roman and Parthian? Therefore one of these
Thou must make sure thy own, the Parthian first,
By my advice, as nearer and of late
365 Found able by invasion to annoy
Thy country, and captive lead away her Kings
Antigonus, and old Hyrcanus bound,
Maugre the Roman: it shall be my task
To render thee the Parthian at dispose;
370 Chuse which thou wilt, by conquest or by league.
By him thou shalt regain, without him not,
That which alone can truly reinstall thee

E ao Salvador palavras novas disse:
“Saibas que não pretendo atacar tua
Virtude e assegurar de modo algum
Tua grande segurança, ouve e marca
Por que eu te trouxe aqui mostrando ali 350
Bela vista: teu reino, pois previsto
Por profeta ou por anjo, se tu não
Lutares, como fez Davi teu pai,
Tu nunca obterás, pois previsões
P’ra toda coisa e homem supõem meios 355
Sem meios, o predito se revoga.
O trono de Davi dizes possuir
Por consenso total ninguém se opõe
Judeu, Samaritano; como esperas
Quieto e seguro, desfrutar por tempos 360
Entre inimigos tais cercado, partos
E romanos? Portanto um destes deves
Ter certeza de ter; primeiro o parto
Te aconselho, mais próximo e há pouco
Pudera atrapalhar por invasão 365
Teu país e cativo levar reis
Presos Antígono e Hircano velho,
No lugar do romano; me encarrego
De te entregar o parto ao teu dispor;
Por conquista ou aliança, é tua escolha, 370
Reconquistas com ele, e não sem ele,
O único capaz de reinstalar-te

In David's royal seat, his true Successour,
Deliverance of thy brethren, those ten Tribes
375 Whose off-spring in his Territory yet serve
In Habor, and among the Medes dispers't,
Ten Sons of Jacob, two of Joseph lost
Thus long from Israel; serving as of old
Thir Fathers in the land of Egypt serv'd,
380 This offer sets before thee to deliver.
These if from servitude thou shalt restore
To thir inheritance, then, nor till then,
Thou on the Throne of David in full glory,
From Egypt to Euphrates and beyond
385 Shalt raign, and Rome or Cæsar not need fear.
To whom our Saviour answer'd thus unmov'd.
Much ostentation vain of fleshly arm,
And fragile arms, much instrument of war
Long in preparing, soon to nothing brought,
390 Before mine eyes thou hast set; and in my ear
Vented much policy, and projects deep
Of enemies, of aids, battels and leagues,
Plausible to the world, to me worth naught.
Means I must use, thou say'st, prediction else
395 Will unpredict and fail me of the Throne:
My time I told thee (and that time for thee
Were better farthest off) is not yet come;
When that comes think not thou to find me slack
On my part aught endeavouring, or to need

No trono de Davi, seu sucessor,
Alforria dos teus irmãos, dez tribos
Cuja prole inda serve em suas terras 375
No porto e dispersados entre os medos
Dez filhos de Jacó, dois de José,
Distantes de Israel; servindo como
Seus pais no Egito outrora já serviram,
A oferta cabe a ti deliberar. 380
Estes, se dos grilhões restaurarás
A tua herança, então, não mais que então,
No trono de Davi em plena glória
Do Egito e além do Eufrates reinarás,
Nem tens porque temer de Roma o César." 385
Impassível responde o Salvador.
"Muita ostentação vã de carnais palmas
E frágeis parmas, várias armas bélicas,
Muito preparo e em nada são tornados,
Aos meus olhos trouxeste; aos meus ouvidos 390
Projetos e políticas sopraste
De imigos, ligas, lutas e resgates
Plausíveis para o mundo, p'ra mim nada.
Devo usar meios, dizes tu, senão
Despredíz-se o predito, e o trono falha-me: 395
Meu tempo, eu disse a ti (e a ti esse tempo
Melhor que se demore), inda não chega;
Quando chegar, não penses que descanso,
Sem nada planejar nem que procuro

400 Thy politic maxims, or that cumbersome
Luggage of war there shewn me, argument
Of human weakness rather then of strength.
My brethren, as thou call'st them, those Ten Tribes
I must deliver, if I mean to raign
405 David's true heir, and his full Scepter sway
To just extent over all Israel's Sons;
But whence to thee this zeal, where was it then
For Israel, or for David, or his Throne,
When thou stood'st up his Tempter to the pride
410 Of numbring Israel, which cost the lives
Of threescore and ten thousand Israelites
By three days Pestilence? Such was thy zeal
To Israel then, the same that now to me.
As for those captive Tribes, themselves were they
415 Who wrought their own captivity, fell off
From God to worship Calves, the Deities
Of Egypt, Baal next and Ashtaroth,
And all the Idolatries of Heathen round,
Besides thir other worse then heathenish crimes;
420 Nor in the land of their captivity
Humbled themselves, or penitent besought
The God of thir fore-fathers; but so dy'd
Impenitent, and left a race behind
Like to themselves, distinguishable scarce
425 From Gentils but by Circumcision vain,
And God with Idols in their worship joyn'd.

Tuas máximas políticas e incômodas 405
Cargas de guerra aqui mostradas, símbolo
Do que há de fraco no homem, e não de forte.
Meus irmãos, como chamas, as dez tribos,
Se pretendo reinar, libertarei,
Brandindo o cetro herdeiro de Davi 405
Cobrindo todo filho de Israel;
Mas por que tanto zelo? Onde ele estava
Por Israel, Davi, ou o seu trono,
Quando surgiste tentador do orgulho
De censear Israel custando as vidas 410
De sessenta e dez mil israelitas
Por três dias de peste? Era o teu zelo
Por Israel, o mesmo tens por mim.
E sobre as tribos presas, foram elas
Próprias que se prenderam e caíram 415
De Deus para adorar bezerros, deuses
Do Egito próximo, Astaroth e Baal,
Pagãs idolatrias, para além
Do paganismo, crimes que são piores;
Nem na Terra já presos se tornaram 420
Humildes, ou pediram penitentes
          Ao Deus dos ancestrais, porém morreram
Impenitentes e deixando u'a raça,
Como a deles: difícil distingui-los
Dos gentios: só a vã circuncisão, 425
Pois juntam no adorar seu Deus com ídolos.

Should I of these the liberty regard,
Who freed, as to their antient Patrimony,
Unhumbl'd, unrepentant, unreform'd,
430 Headlong would follow; and to thir Gods perhaps
Of Bethel and of Dan? No, let them serve
Thir enemies, who serve Idols with God.
Yet he at length, time to himself best known,
Remembring Abraham, by some wond'rous call
435 May bring them back repentant and sincere,
And at their passing cleave the Assyrian flood,
While to their native land with joy they hast,
As the Red Sea and Jordan once he cleft,
When to the promis'd land thir Fathers pass'd;
440 To his due time and providence I leave them.
So spake Israel's true King, and to the Fiend
Made answer meet, that made void all his wiles.
So fares it when with truth falshood contends.

Devo considerar a liberdade
Desses que livres quanto ao patrimônio
Inumildes, incautos, imprudentes,
Com pressa seguiriam, talvez, deuses 430
De Betel e de Dã? Não, que eles sirvam
Seus imigos, pois servem Deus com ídolos.
Mas ele enfim, num tempo que ele sabe
Num 'spantoso chamado, como a Abraão
Talvez os torne humildes e sinceros, 435
E a sua passagem abre o fluxo assírio
Enquanto à terra mãe se apressam alegres,
Como abrira o Jordão e o Mar Vermelho
Aos pais que à Prometida Terra foram:
À Providência e ao tempo certo os deixo." 440
Falou o verdadeiro rei de Israel,
Respondeu e esgotou o rival veneno.
A verdade à mentira assim confronta.

THE FOURTH BOOK

Perplex'd and troubl'd at his bad success
The Tempter stood, nor had what to reply,
Discover'd in his fraud, thrown from his hope,
So oft, and the perswasive Rhetoric
5 That sleek't his tongue, and won so much on Eve,
So little here, nay lost; but Eve was Eve,
This far his over-match, who self deceiv'd
And rash, before-hand had no better weigh'd
The strength he was to cope with, or his own:
10 But as a man who had been matchless held
In cunning, over-reach't where least he thought,
To salve his credit, and for very spight
Still will be tempting him who foyls him still,
And never cease, though to his shame the more;
15 Or as a swarm of flies in vintage time,
About the wine-press where sweet moust is powr'd,
Beat off, returns as oft with humming sound;
Or surging waves against a solid rock,
Though all to shivers dash't, the assault renew,
20 Vain battry, and in froth or bubbles end;
So Satan, whom repulse upon repulse

QUARTO LIVRO

Perplexo e perturbado pela falha,
Estancou, sem resposta, o Tentador,
Sem esperança, a fraude revelada,
Bem como sua persuasão retórica
Da língua que ganhara tanto de Eva, 5
Pouco agora; perdida: Eva era Eva;
Este é superior ao prepotente
Que se precipitou em comparar
Sua própria força contra a qual lutava:
Mas, feito um homem de imbatíveis dolos 10
Que ao ver-se inesperadamente ao chão,
Quer por salvar seu nome, ou por desprezo,
Inda insiste em tentar quem o frustrara,
Não cessa e mais aumenta sua vergonha;
Ou como enxame em tempo de vindima 15
Que cerca o doce mosto que se prensa
E, expulso, inda retorna a zumbizar;
Ou poderosas ondas contra as rochas,
Que mesmo em só tremor, de novo assaltam,
Em vão, pois findam em escuma e bolhas; 20
Assim Satã, repulsa e mais repulsa

Met ever, and to shameful silence brought,
Yet gives not o're though desperate of success,
And his vain importunity pursues.
25 He brought our Saviour to the western side
Of that high mountain, whence he might behold
Another plain, long but in bredth not wide;
Wash'd by the Southern Sea, and on the North
To equal length back'd with a ridge of hills
30 That screen'd the fruits of the earth and seats of men
From cold Septentrion blasts, thence in the midst
Divided by a river, of whose banks
On each side an Imperial City stood,
With Towers and Temples proudly elevate
35 On seven small Hills, with Palaces adorn'd,
Porches and Theatres, Baths, Aqueducts,
Statues and Trophees, and Triumphal Arcs,
Gardens and Groves presented to his eyes,
Above the highth of Mountains interpos'd:
40 By what strange Parallax or Optic skill
Of vision multiplyed through air, or glass
Of Telescope, were curious to enquire:
And now the Tempter thus his silence broke.
The City which thou seest no other deem
45 Then great and glorious Rome, Queen of the Earth
So far renown'd, and with the spoils enricht
Of Nations; there the Capitol thou seest,
Above the rest lifting his stately head

Sofre e em silêncio vergonhoso acaba,
Mas nem desesperado ele desiste
E em vão persiste sendo inoportuno.
Levou o Salvador à parte oeste 25
Do alto monte, que lá pudesse ver
Outra planície, longa, mas não larga;
Banhada pelo mar do sul e, ao norte,
Se estende uma cadeia de montanhas
Que protegia a messe e o lar dos homens 30
Do gélido Setentrião; no meio,
Cortada por um rio em cujas margens
Havia uma Cidade Imperial,
Com torres, templos, altos e orgulhosos,
Em sete montes, bela de palácios, 35
Teatros, banhos, aquedutos, pórticos,
Troféus, estátuas, arcos do triunfo,
Jardins e bosques que ele pôde ver
Parado acima desses altos montes:
Que estranha paralaxe, ou truque óptico 40
Multiplicou-se pelo ar, que lente
De telescópio, é caso curioso:
Por fim, o Tentador rompe o silêncio.

"A Cidade que viste não é outra
Senão Roma, Rainha sobre a Terra, 45
Renomada e tão rica pelo espólio
Doutras nações; ali o Capitólio,
Ergue acima de todos sua fronte

On the Tarpeian rock, her Cittadel
50 Impregnable, and there Mount Palatine
The Imperial Palace, compass huge, and high
The Structure, skill of noblest Architects,
With gilded battlements, conspicuous far,
Turrets and Terrases, and glittering Spires.
55 Many a fair Edifice besides, more like
Houses of Gods (so well I have dispos'd
My Aerie Microscope) thou may'st behold
Outside and inside both, pillars and roofs
Carv'd work, the hand of fam'd Artificers
60 In Cedar, Marble, Ivory, or Gold.
Thence to the gates cast round thine eye, and see
What conflux issuing forth or entring in,
Pretors, Proconsuls to thir Provinces
Hasting or on return, in robes of State;
65 Lictors and rods, the ensigns of thir power,
Legions and Cohorts, turmes of horse and wings:
Or Embassies from Regions far remote
In various habits on the Appian road,
Or on the Æmilian, some from farthest South,
70 Syene, and where the shadow both way falls,
Meroe Nilotic Isle, and more to West,
The Realm of Bocchus to the Black-moor Sea;
From the Asian Kings and Parthian among these,
From India and the golden Chersoness,
75 And utmost Indian Isle Taprobane,

Sobre a Rocha Tarpeia, cidadela
Intocável, e ali o Palatino, 50
Palácio Imperial, imenso, excelsa
Estrutura de nobres arquitetos,
Áureas ameias, longe já notáveis,
Com torretas, terraços e pináculos.
E muitos belos edifícios, quase 55
Casas dos deuses (fiz perfeito o meu
Aéreo microscópio); podes vê-las
Dentro e fora, pilares e telhados,
Tudo esculpido pela mão de artífices
Em cedro, mármore, marfim, ou ouro. 60
Lança aos portões o teu olhar e vê
Que imenso fluxo avança, entra e sai:
Pretores e procônsules que partem
Ou tornam das províncias, com suas togas;
Lictores, fasces, marcas do poder; 65
Coortes, legiões, equestres turmas e alas;
Ou embaixadas de regiões remotas,
Com várias vestes pela Via Emília,
Ou Ápia: algumas vêm do extremo sul,
De Siena, onde a sombra tem dois lados, 70
Meroé, ilha nilótica; e a oeste
Vêm do reino de Boco, em Mauritânia;
Dentre eles vêm os reis da Pártia e da Ásia,
Da Índia, do dourado Quersoneso
E da longínqua ilha Taprobana, 75

Dusk faces with white silken Turbants wreath'd:
From Gallia, Gades, and the Brittish West,
Germans and Scythians, and Sarmatians North
Beyond Danubius to the Tauric Pool.
80 All Nations now to Rome obedience pay,
To Rome's great Emperour, whose wide domain
In ample Territory, wealth and power,
Civility of Manners, Arts, and Arms,
And long Renown thou justly may'st prefer
85 Before the Parthian; these two Thrones except,
The rest are barbarous, and scarce worth the sight,
Shar'd among petty Kings too far remov'd;
These having shewn thee, I have shewn thee all
The Kingdoms of the world, and all thir glory.
90 This Emperour hath no Son, and now is old,
Old, and lascivious, and from Rome retir'd
To Capreæ an Island small but strong
On the Campanian shore, with purpose there
His horrid lusts in private to enjoy,
95 Committing to a wicked Favourite
All publick cares, and yet of him suspicious,
Hated of all, and hating; with what ease
Indu'd with Regal Vertues as thou art,
Appearing, and beginning noble deeds,
100 Might'st thou expel this monster from his Throne
Now made a stye, and in his place ascending
A victor people free from servile yoke?

Alvos turbantes cobrem faces negras;
Do oeste da Bretanha, Gália e Gades;
Norte, os citas, sarmácios e germanos
Vêm de além do Danúbio, junto ao Táurico.
Todas nações estão aos pés de Roma, 80
Aos pés do imperador, que tem domínio
De amplo império, riquezas e poder,
Civilidade em modos, artes, armas,
E um bom renome, até superior
Aos dos partos; além desses dois tronos, 85
O resto é bárbaro, nem vale ver,
Que se divide entre a ralé dos reis;
Ao que te expus, expostos foram todos
Reinos do mundo, e toda sua glória.
O Imperador é velho e não tem filhos, 90
Velho e lascivo, longe está de Roma,
Em Cápria, uma pequena e forte ilha
Às margens da Campânia, pois lá foi
Gozar a sós de uma hórrida luxúria,
E entregou a um perverso favorito 95
A República, embora até suspeite
Que esse odiado a tudo odeia. Fácil
A ti, dotado de virtudes régias,
Que apareceste com teus nobres feitos,
Será tirar o monstro de seu trono, 100
Hoje um chiqueiro, e ascender ao posto
Um povo vencedor, livre do jugo!

And with my help thou may'st; to me the power
Is given, and by that right I give it thee.
105 Aim therefore at no less then all the world,
Aim at the highest, without the highest attain'd
Will be for thee no sitting, or not long
On David's Throne, be propheci'd what will.
To whom the Son of God unmov'd reply'd.
110 Nor doth this grandeur and majestic show
Of luxury, though call'd magnificence,
More then of arms before, allure mine eye,
Much less my mind; though thou should'st add to tell
Thir sumptuous gluttonies, and gorgeous feasts
115 On Cittron tables or Atlantic stone;
(For I have also heard, perhaps have read)
Their wines of Setia, Cales, and Falerne,
Chios and Creet, and how they quaff in Gold,
Crystal and Myrrhine cups imboss'd with Gems
120 And studs of Pearl, to me should'st tell who thirst
And hunger still: then Embassies thou shew'st
From Nations far and nigh; what honour that,
But tedious wast of time to sit and hear
So many hollow complements and lies,
125 Outlandish flatteries? then proceed'st to talk
Of the Emperour, how easily subdu'd,
How gloriously; I shall, thou say'st, expel
A brutish monster: what if I withal
Expel a Devil who first made him such?

Com minha ajuda, sim; pois me foi dado
O poder, e por lei to posso dar.
Nada queiras, senão o mundo inteiro, 105
Nada, senão o topo, sem o topo
Nunca terás assento, nunca o trono
De Davi, pouco importa a profecia."

Inabalável, respondeu-lhe o Filho.
"Nem mesmo esse majéstico espetáculo 110
De luxúria, ou de magnificência,
Nem batalhões seduzem os meus olhos,
Nem a mente; mas deves acrescer
O luxo e glutonice em seus banquetes
Sobre mesas de cidra e pedra atlântica 115
(Pois eu ouvi, até já li, talvez),
Seu vinho de Falerno, Sétia e Cales,
Quio e Creta, sorvido em taças de ouro,
De mirrina e cristal, com muitas joias
E pérolas ornadas: vai, me conta, 120
Que abraço a sede e a fome; as embaixadas
Distantes me mostraste: que honra é essa,
Senão perda de tempo em ter de ouvir
Cumprimentos vazios e mentiras,
Tantas bajulações? Depois falaste 125
Do imperador que eu destronaria
Cheio de glória; então disseste que eu
Expulsarei tal monstro: e se igualmente
Expulsar o Demônio que o criou?

130 Let his tormentor Conscience find him out,
For him I was not sent, nor yet to free
That people victor once, now vile and base,
Deservedly made vassal, who once just,
Frugal, and mild, and temperate, conquer'd well,
135 But govern ill the Nations under yoke,
Peeling thir Provinces, exhausted all
By lust and rapine; first ambitious grown
Of triumph that insulting vanity;
Then cruel, by thir sports to blood enur'd
140 Of fighting beasts, and men to beasts expos'd,
Luxurious by thir wealth, and greedier still,
And from the daily Scene effeminate.
What wise and valiant man would seek to free
These thus degenerate, by themselves enslav'd,
145 Or could of inward slaves make outward free?
Know therefore when my season comes to sit
On David's Throne, it shall be like a tree
Spreading and over-shadowing all the Earth,
Or as a stone that shall to pieces dash
150 All Monarchies besides throughout the world,
And of my Kingdom there shall be no end:
Means there shall be to this, but what the means,
Is not for thee to know, nor me to tell.
To whom the Tempter impudent repli'd.
155 I see all offers made by me how slight
Thou valu'st, because offer'd, and reject'st:

Que a sua consciência o atormente; 130
Não vim por ele, nem p'ra libertar
Tal povo fraco, outrora vencedor,
Que merece o escravismo; que era justo,
Temperado, frugal, conquistador,
Mas não soube reger outras nações, 135
Pilhou províncias, tudo ele exauriu
Em rapina e luxúria; ambicioso
De triunfos, bufão e vaidoso;
Então cruel, acostumado ao sangue
De feras e homens rotos sob as feras, 140
Luxuriosos, mais gananciosos,
E em plena luz do dia afeminados.
Que sábio valoroso livraria
Degenerados autoescravizados
E ao servo interno externo livraria? 145
Vê que, ao chegar o tempo de sentar-me
No trono de Davi, será qual árvore
Ampla que espalha a sombra em toda a Terra,
Qual pedra que em pedaços quebrará
As monarquias todas pelo mundo, 150
E o meu reinado não verá seu fim:
Há meios para tanto, mas que meios
Não cabe a ti saber ou a mim contar."

Impudente, responde o Tentador:
"Vejo que não valoras o que oferto, 155
Pois que ofertado, e a tudo tu rejeitas:

Nothing will please the difficult and nice,
Or nothing more then still to contradict:
On the other side know also thou, that I
160 On what I offer set as high esteem,
Nor what I part with mean to give for naught;
All these which in a moment thou behold'st,
The Kingdoms of the world to thee I give;
For giv'n to me, I give to whom I please,
165 No trifle; yet with this reserve, not else,
On this condition, if thou wilt fall down,
And worship me as thy superior Lord,
Easily done, and hold them all of me;
For what can less so great a gift deserve?
170 Whom thus our Saviour answer'd with disdain.
I never lik'd thy talk, thy offers less,
Now both abhor, since thou hast dar'd to utter
The abominable terms, impious condition;
But I endure the time, till which expir'd,
175 Thou hast permission on me. It is written
The first of all Commandments, Thou shalt worship
The Lord thy God, and only Him shalt serve;
And dar'st thou to the Son of God propound
To worship thee accurst, now more accurst
180 For this attempt bolder then that on Eve,
And more blasphemous? which expect to rue.
The Kingdoms of the world to thee were giv'n,
Permitted rather, and by thee usurp't,

Nada apraz ao difícil, ao bondoso,
Ou nada mais que só contradizer:
Por outro lado, vê também que eu
Ao que te oferto tenho-o em alta estima, 160
Nem tos pretendo dar em troco a nada;
Tudo isso que num átimo observaste,
Os reinos deste mundo a ti eu dou,
Pois que a mim dados, dou a quem quiser,
Não brinco; tenho, entanto, uma reserva, 165
Só uma condição: que te reclines
E me veneres como teu Senhor.
É fácil, e de mim tu ganhas tudo;
Que menos eu mereço por meu dom?"
Replicou desdenhoso o Salvador: 170
"Nunca te amei a fala e ofertas, menos:
Hoje as desprezo, pois enfim ousaste
Tua abominável, ímpia condição;
Porém, suporto o prazo, e até que expire
Tens tua permissão. Está escrito 175
No primo mandamento, Venerar
Senhor teu Deus, e a Ele só servir;
Mas ao Filho de Deus propor ousaste
Que eu venere um danado, e mais danado
Pela ousadia inda maior que em Eva, 180
E mais blasfema? Espera arrepender-te!
Os reinos deste mundo te são dados,
Ou melhor, permitidos, e usurpaste,

Other donation none thou canst produce:
185 If given, by whom but by the King of Kings,
God over all supreme? If giv'n to thee,
By thee how fairly is the Giver now
Repaid? But gratitude in thee is lost
Long since. Wert thou so void of fear or shame,
190 As offer them to me the Son of God,
To me my own, on such abhorred pact,
That I fall down and worship thee as God?
Get thee behind me; plain thou now appear'st
That Evil one, Satan for ever damn'd.
195 To whom the Fiend with fear abasht reply'd.
Be not so sore offended, Son of God;
Though Sons of God both Angels are and Men,
If I to try whether in higher sort
Then these thou bear'st that title, have propos'd
200 What both from Men and Angels I receive,
Tetrarchs of fire, air, flood, and on the earth
Nations besides from all the quarter'd winds,
God of this World invok't and world beneath;
Who then thou art, whose coming is foretold
205 To me so fatal, me it most concerns.
The trial hath indamag'd thee no way,
Rather more honour left and more esteem;
Me naught advantag'd, missing what I aim'd.
Therefore let pass, as they are transitory,
210 The Kingdoms of this world; I shall no more

Não há mais dons que possas produzir:
Pois quem tos deu, senão o Rei dos Reis, 185
O Deus onissupremo? Se tos deu,
Como esse Doador de ti terá
Sua paga? A gratidão perdeu-se em ti
Há muito. Tu não tens pudor ou medo
De ofertar para mim, Filho de Deus, 190
Dar-me o que é meu, num pacto desprezível,
P'ra que eu recline e te venere um Deus?
Vai de retro, que agora apareceste,
Ó maligno, Satã sempidanado!"
Temeroso, o Imigo respondeu: 195
"Filho de Deus, não fiques ofendido:
Filhos de Deus são anjos e são homens;
Se, ao te tentar, ousei voar mais alto
Que os donos do teu título e propus
O que ganho dos homens e dos anjos, 200
Tetrarcas de ar e fogo e terra e água,
E das nações que estão aos quatro ventos,
Sou deus no mundo e em todo o subterrâneo;
Se fores o profetizado a vir,
Que a mim é tão fatal, muito me importa. 205
A provação em nada denegriu,
E inda mais honra e estima concedeu-te;
Nada ganhei, perdi meu próprio alvo.
Deixa de lado então: são transitórios
Os reinos deste mundo; e eu não mais 210

Advise thee, gain them as thou canst, or not.
And thou thyself seem'st otherwise inclin'd
Then to a worldly Crown, addicted more
To contemplation and profound dispute,
215 As by that early action may be judg'd,
When slipping from thy Mothers eye thou went'st
Alone into the Temple; there was found
Among the gravest Rabbies disputant
On points and questions fitting Moses Chair,
220 Teaching not taught; the childhood shews the man,
As morning shews the day. Be famous then
By wisdom; as thy Empire must extend,
So let extend thy mind o're all the world,
In knowledge, all things in it comprehend,
225 All knowledge is not couch't in Moses Law,
The Pentateuch or what the Prophets wrote,
The Gentiles also know, and write, and teach
To admiration, led by Natures light;
And with the Gentiles much thou must converse,
230 Ruling them by perswasion as thou mean'st,
Without thir learning how wilt thou with them,
Or they with thee hold conversation meet?
How wilt thou reason with them, how refute
Thir Idolisms, Traditions, Paradoxes?
235 Error by his own arms is best evinc't.
Look once more e're we leave this specular Mount
Westward, much nearer by Southwest, behold

Te aconselho, pois ganha-os, se puderes.
Tu mesmo não pareces inclinado
À coroa mundana e és mais dado
A embates e contemplações profundas,
Como pude julgar pelos teus atos, 215
Quando, ao fugir do olhar materno, foste
Sozinho ao templo; e lá tu foste achado
Entre graves rabis numa disputa
Digna do trono de Moisés, sem aulas
Ensinavas: infância indica o homem, 220
E aurora indica o dia. Ganha a fama
No saber; que se expanda o teu império
Expande tua mente em todo o mundo,
No saber, incorpora tudo nele.
Pois nem todo saber está na Lei 225
De Moisés, Pentateuco ou nos Profetas;
Gentio também sabe, escreve e ensina
Guiado pela luz da Natureza;
Com os gentios tu deves conversar,
P'ra que os governes por persuasão; 230
Sem sua ciência, como hás de com eles,
E eles contigo como hão de falar?
Como negociarás, ou negarás
Tradições, idolismos, paradoxos?
O erro é derrotado às próprias armas. 235
Olha uma vez mais, antes de partirmos
Do monte especular, a sudoeste,

Where on the Ægean shore a City stands
Built nobly, pure the air, and light the soil,
240 Athens, the eye of Greece, Mother of Arts
And Eloquence, native to famous wits
Or hospitable, in her sweet recess,
City or Suburban, studious walks and shades;
See there the Olive Grove of Academe,
245 Plato's retirement, where the Attic Bird
Trills her thick-warbl'd notes the summer long,
There flowrie hill Hymettus with the sound
Of Bees industrious murmur oft invites
To studious musing; there Ilissus rouls
250 His whispering stream; within the walls then view
The schools of antient Sages; his who bred
Great Alexander to subdue the world,
Lyceum there, and painted Stoa next:
There thou shalt hear and learn the secret power
255 Of harmony in tones and numbers hit
By voice or hand, and various-measur'd verse,
Æolian charms and Dorian Lyric Odes,
And his who gave them breath, but higher sung,
Blind Melesigenes, thence Homer call'd,
260 Whose Poem Phœbus challeng'd for his own.
Thence what the lofty grave Tragœdians taught
In Chorus or Iambic, teachers best
Of moral prudence, with delight receiv'd
In brief sententious precepts, while they treat

Junto às margens do Egeu, uma cidade
Nobre, seu ar é puro, leve o solo,
O olho da Grécia, Atenas, mãe das artes 240
E eloquência, gerou mentes famosas,
Ou hospeda em plácido refúgio,
Urbe ou subúrbio, sombras e passeios;
Vê no bosque de oliva a Academia,
Retiro de Platão, onde a ave ática 245
Trina no estio em densas notas trêmulas;
Eis o florido monte Himeto, e o som
De abelhas nos convida num murmúrio
A fundo meditar; o Ilisso corre
Torrente sussurrante; entre as muralhas, 250
As escolas dos sábios, que formaram
Conquistador de mundos, Alexandre,
Eis o Liceu, ao lado a Estoá;
Onde o poder secreto hás de aprender
Da harmonia de números e tons, 255
Em toque ou voz, em versos polimétricos,
Os eólios encantos, liras dóricas,
Quem deu-lhes sopro, mas melhor cantou
O cego Melesígenes: Homero,
Cujo poema Febo cobiçou. 260
Daí os graves trágicos ensinam
Em coro e jambo, os grandes professores
Da prudência moral, pois com deleite
Dão seus breves preceitos, quando tratam

265 Of fate, and chance, and change in human life;
High actions, and high passions best describing:
Thence to the famous Orators repair,
Those antient, whose resistless eloquence
Wielded at will that fierce Democratie,
270 Shook the Arsenal and fulmin'd over Greece,
To Macedon, and Artaxerxes Throne;
To sage Philosophy next lend thine ear,
From Heaven descended to the low-rooft house
Of Socrates, see there his Tenement,
275 Whom well inspir'd the Oracle pronounc'd
Wisest of men; from whose mouth issu'd forth
Mellifluous streams that water'd all the schools
Of Academics old and new, with those
Sirnam'd Peripatetics, and the Sect
280 Epicurean, and the Stoic severe;
These here revolve, or, as thou lik'st, at home,
Till time mature thee to a Kingdom's waight;
These rules will render thee a King compleat
Within thy self, much more with Empire joyn'd.
285 To whom our Saviour sagely thus repli'd.
Think not but that I know these things, or think
I know them not; not therefore am I short
Of knowing what I aught: he who receives
Light from above, from the fountain of light,
290 No other doctrine needs, though granted true;
But these are false, or little else but dreams,

De fado, acaso e humana transigência, 265
Altas ações e altas paixões descrevem;
Daí para os famosos oradores
Antigos, de incansável eloquência,
Forjaram a feroz democracia,
A Grécia fulminaram e o Arsenal 270
À Macedônia, trono de Artaxerxes;
Para a filosofia presta o ouvido,
Que dos Céus descendeu ao humilde lar
De Sócrates, observa sua terra,
O inspirador do oráculo, chamado 275
O mais sábio dos homens; cuja boca
Lançou melíflua fonte em cada escola
De velhos, novos acadêmicos, como
Os tais peripatéticos, a seita
De Epicuro e os severos estoicistas; 280
Estes, revolve, aqui ou em teu lar,
'Té que o tempo mature-te ao reinado;
Tais regras te farão um rei completo
Em ti, e inda maior com teu império."

Mas, sábio, respondeu-lhe o Salvador: 285
"Não penses que não sei tais coisas; pensa
Que não as sei; pois nada a mim me falta
Do saber que é devido; quem recebe
Luz de cima, da fonte dessa luz,
Não quer doutrinas, mesmo que legítimas; 290
Estas são falsas, pouco mais que sonhos,

Conjectures, fancies, built on nothing firm.
The first and wisest of them all profess'd
To know this only, that he nothing knew;
295 The next to fabling fell and smooth conceits,
A third sort doubted all things, though plain sense;
Others in vertue plac'd felicity,
But vertue joyn'd with riches and long life,
In corporal pleasure he, and careless ease,
300 The Stoic last in Philosophic pride,
By him call'd vertue; and his vertuous man,
Wise, perfect in himself, and all possessing
Equal to God, oft shames not to prefer,
As fearing God nor man, contemning all
305 Wealth, pleasure, pain or torment, death and life,
Which when he lists, he leaves, or boasts he can,
For all his tedious talk is but vain boast,
Or subtle shifts conviction to evade.
Alas what can they teach, and not mislead;
310 Ignorant of themselves, of God much more,
And how the world began, and how man fell
Degraded by himself, on grace depending?
Much of the Soul they talk, but all awrie,
And in themselves seek vertue, and to themselves
315 All glory arrogate, to God give none,
Rather accuse him under usual names,
Fortune and Fate, as one regardless quite
Of mortal things. Who therefore seeks in these

Conjecturas, tolices, não têm base.
O primeiro e mais sábio professava
Que só sabia nada mais saber;
O segundo caiu em sutilezas; 295
Outro descrê de tudo, até do óbvio;
Fundem felicidade e virtude outros,
Mas virtude longeva entre riquezas;
Outro, em prazer corpóreo e puro ócio;
Fica o estoico no orgulho filosófico 300
Que ele chama virtude; o seu virtuoso
Sábio e perfeito em si, possui o tudo
Igual a Deus, nem peja em promover-se,
Não teme Deus nem homem, só despreza
Bens, prazer, dor, tormento, morte e vida, 305
Recusa o que enumera e assim bufona,
Pois toda sua fala é de bufão,
Ou troca a convicção para escapar-se.
Que podem ensinar sem mais engano?
Não se conhecem, muito menos Deus, 310
Como nasceu o mundo, o homem caiu
Por sua degradação, e espera a graça;
Muitos tratam da alma, mas em vão,
Buscam virtude em si, só para si
Arrogam toda a glória, e nada a Deus; 315
Mas o acusam com nomes costumeiros,
Fado e Fortuna, como desprezassem
Coisas mortais. Assim, quem neles busca

True wisdom, finds her not, or by delusion
320 Far worse, her false resemblance only meets,
An empty cloud. However many books
Wise men have said are wearisom; who reads
Incessantly, and to his reading brings not
A spirit and judgment equal or superior
325 (And what he brings, what needs he elsewhere seek)
Uncertain and unsettl'd still remains,
Deep verst in books and shallow in himself,
Crude or intoxicate, collecting toys,
And trifles for choice matters, worth a spunge;
330 As Children gathering pibles on the shore.
Or if I would delight my private hours
With Music or with Poem, where so soon
As in our native Language can I find
That solace? All our Law and Story strew'd
335 With Hymns, our Psalms with artful terms inscrib'd,
Our Hebrew Songs and Harps in Babylon,
That pleas'd so well our Victors ear, declare
That rather Greece from us these Arts deriv'd;
Ill imitated, while they loudest sing
340 The vices of thir Deities, and thir own
In Fable, Hymn, or Song, so personating
Thir Gods ridiculous, and themselves past shame.
Remove their swelling Epithetes thick laid
As varnish on a Harlots cheek, the rest,
345 Thin sown with aught of profit or delight,

Vero saber não acha, mas se ilude
Inda mais numa falsa semelhança, 320
Numa nuvem inane. Mesmo em muitos
Livros que os sábios chamam fatigantes,
Quem lê constante sem que à sua leitura
Acresça excelso espírito e juízo
(Que busca alhures o que ali carece) 325
Resulta sempre incerto e intranquilo,
É profundo nos livros, raso em si,
Rude e intoxicado, bagatelas
Ajunta e ninharias expurgáveis;
Qual criança a catar seixos pela praia. 330
Quisera eu deleitar-me em horas vagas
Com música e poesia, onde mais presto
Encontraria alívio, se não fosse
Na língua pátria? Nossa Lei e História
São plenas de hinos, salmos de arte pura; 335
Cantos hebraicos e harpas babilônias,
Júbilo aos que nos conquistaram, provam
Que os gregos derivaram nossa arte,
Mal imitada, pois que aos berros cantam
Os vícios de seus deuses e os seus próprios, 340
Em hino, canto ou fábula apresentam
Deuses risíveis, cantam sem pudor.
Remove a densa selva dos epítetos,
Como as pinturas de uma meretriz,
E o resto é sem proveito, sem deleite, 345

Will far be found unworthy to compare
With Sion's songs, to all true tasts excelling,
Where God is prais'd aright, and Godlike men,
The Holiest of Holies, and his Saints;
350 Such are from God inspir'd, not such from thee;
Unless where moral vertue is express't
By light of Nature, not in all quite lost.
Thir Orators thou then extoll'st, as those
The top of Eloquence, Statists indeed,
355 And lovers of thir Country, as may seem;
But herein to our Prophets far beneath,
As men divinely taught, and better teaching
The solid rules of Civil Government
In thir majestic unaffected stile
360 Then all the Oratory of Greece and Rome.
In them is plainest taught, and easiest learnt,
What makes a Nation happy, and keeps it so,
What ruins Kingdoms, and lays Cities flat;
These only with our Law best form a King.
365 So spake the Son of God; but Satan now
Quite at a loss, for all his darts were spent,
Thus to our Saviour with stern brow reply'd.
Since neither wealth, nor honour, arms nor arts,
Kingdom nor Empire pleases thee, nor aught
370 By me propos'd in life contemplative,
Or active, tended on by glory, or fame,
What dost thou in this World? The Wilderness

Que nem se pode comparar de longe
Aos cantos de Sião, que aos bons agradam,
Onde se loa Deus, divinos homens,
Os mais sacros dos sacros, e os seus santos;
Inspirados por Deus, e não por ti; 350
Estes, se cantam da mortal virtude
Por luz da natureza, então não perdem.
Seus oradores te alabaram, como
O topo da eloquência, os estadistas,
Aparentes amantes de sua pátria; 355
Porém, muito mais vis do que os profetas
Divinos com seu divo ensinamento
Nas duras regras do civil governo,
Majésticos, mas sem afetação,
Superam a oratória em Grécia e Roma. 360
Simples ensino, aprendizado fácil
Do que alegra a nação, e assim mantém
Do que arruína reinos e cidades,
Só isso e nossa Lei formam bons reis."

Responde o Divo Filho, mas Satã, 365
Perto da perda, dardos mais não tinha,
Com grave cenho ao Salvador falou:

"Se nem riqueza, glória, ou armas e artes,
Reinos e impérios, pois se nada apraz-te
A vida de contemplação proposta, 370
Nem a de ação, que busca glória e fama,
Que fazes afinal no mundo? Um ermo

For thee is fittest place, I found thee there,
And thither will return thee, yet remember
375 What I foretell thee, soon thou shalt have cause
To wish thou never hadst rejected thus
Nicely or cautiously my offer'd aid,
Which would have set thee in short time with ease
On David's Throne; or Throne of all the world,
380 Now at full age, fulness of time, thy season,
When Prophecies of thee are best fullfill'd.
Now contrary, if I read aught in Heaven,
Or Heav'n write aught of Fate, by what the Stars
Voluminous, or single characters,
385 In their conjunction met, give me to spell,
Sorrows, and labours, opposition, hate,
Attends thee, scorns, reproaches, injuries,
Violence and stripes, and lastly cruel death,
A Kingdom they portend thee, but what Kingdom,
390 Real or Allegoric I discern not,
Nor when, eternal sure, as without end,
Without beginning; for no date prefixt
Directs me in the Starry Rubric set.
So saying, he took (for still he knew his power
395 Not yet expir'd) and to the Wilderness
Brought back the Son of God, and left him there,
Feigning to disappear. Darkness now rose,
As day-light sunk, and brought in lowring night
Her shadowy off-spring, unsubstantial both,

É o que melhor te cabe, aqui te encontro,
E para cá retorno-te; recorda
O que prevejo: logo vem motivo 375
Para que te arrependas da recusa,
Por cuidado que seja, à minha ajuda;
Que em breve tempo fácil te alçaria
Ao trono de Davi, trono do mundo,
Na tua madurez, melhor sazão 380
Por que melhor se cumpra a profecia.
Ao contrário, no céu se nada leio,
Se o céu não 'screve o fado, pelos astros
Em grupo, ou caracteres isolados
Em conjunção, agora eu te soletro: 385
Tristezas, sofrimentos, rixa e ódio
Te aguardam, zombaria, escárnio, mofas,
Violência e, por fim, morte cruel.
Um reino pressagiam, mas que reino,
Real ou alegórico, eu não sei. 390
Nem quando, sempre eterno, sem princípio,
Ou fim; nenhuma data determina
No que ora leio da rubrica astral."
Dizendo assim, tomou-o (que sentia
Ainda seu poder), ao vasto ermo 395
Levou o Filho de Deus e ali o deixou,
Fingindo então sumir. Alçou-se a Treva,
No fim do dia, e na funesta noite
Trouxe a prole sombria e incorpórea:

400 Privation meer of light and absent day.
Our Saviour meek and with untroubl'd mind
After his aerie jaunt, though hurried sore,
Hungry and cold betook him to his rest,
Wherever, under some concourse of shades
405 Whose branching arms thick intertwin'd might shield
From dews and damps of night his shelter'd head,
But shelter'd slept in vain, for at his head
The Tempter watch'd, and soon with ugly dreams
Disturb'd his sleep; and either Tropic now
410 'Gan thunder; and both ends of Heav'n, the Clouds
From many a horrid rift abortive pour'd
Fierce rain with lightning mixt, water with fire
In ruine reconcil'd: nor slept the winds
Within thir stony caves, but rush'd abroad
415 From the four hinges of the world, and fell
On the vext Wilderness, whose tallest Pines,
Though rooted deep as high, and sturdiest Oaks
Bow'd thir Stiff necks, loaden with stormy blasts,
Or torn up sheer: ill wast thou shrouded then,
420 O patient Son of God, yet only stood'st
Unshaken; nor yet staid the terror there,
Infernal Ghosts, and Hellish Furies, round
Environ'd thee, some howl'd, some yell'd, some shriek'd,
Some bent at thee their fiery darts, while thou
425 Sat'st unappall'd in calm and sinless peace.
Thus pass'd the night so foul till morning fair

A Privação de Luz e o Dia Ausente. 400
O Salvador trazia leve o espírito
Após jornada aérea, muito embora
Frio, cansaço e fome o convidassem
Ao repouso, num grupo de penumbras
Cujos entrelaçados braços grossos 405
Do sereno a cabeça protegessem;
Mas vã é a proteção, da cabeceira
O Tentador lhe guarda o sono e sonhos
Traz maus, perturbadores: os dois trópicos
Trovejam, e os confins do céu; as nuvens 410
Por fendas abortivas e horrendas
Jorravam chuva e raios, água e fogo
Na queda reunidos; nem os ventos
Dormiam nas cavernas, mas partindo
Dos quatro cantos deste mundo vinham 415
Sobre ermo fustigado, e seus pinheiros
De raízes profundas e carvalhos
Curvados de rajadas da procela
De súbito arrancados; em que mau
Estado, ó de Deus Filho, paciente 420
Nem tremeste, nem lá ficou o terror.
Infernais Entes, Fúrias te acercaram
Uivavam e gritavam e guinchavam,
Alguns miravam dardos flamejantes,
Mas tu, inabalável, em paz ficaste. 425
Depois de dira noite, aurora bela,

Came forth with Pilgrim steps in amice gray;
Who with her radiant finger still'd the roar
Of thunder, chas'd the clouds, and laid the winds,
430 And grisly Spectres, which the Fiend had rais'd
To tempt the Son of God with terrors dire.
And now the Sun with more effectual beams
Had chear'd the face of earth, and dry'd the wet
From drooping plant, or dropping tree; the birds
435 Who all things now behold more fresh and green,
After a night of storm so ruinous,
Clear'd up their choicest notes in bush and spray
To gratulate the sweet return of morn;
Nor yet amidst this joy and brightest morn
440 Was absent, after all his mischief done,
The Prince of darkness, glad would also seem
Of this fair change, and to our Saviour came,
Yet with no new device, they all were spent,
Rather by this his last affront resolv'd,
445 Desperate of better course, to vent his rage,
And mad despite to be so oft repell'd.
Him walking on a Sunny hill he found,
Back'd on the North and West by a thick wood;
Out of the wood he starts in wonted shape;
450 And in a careless mood thus to him said.
Fair morning yet betides thee, Son of God,
After a dismal night; I heard the rack
As Earth and Skie would mingle; but my self

Em cinza amito, em passos peregrinos,
Que dedirradiante rasou o urro
Do trovão, caçou nuvens, deitou ventos
E espectros vis, gerados do Demônio 430
P'ra com terror tentar o Divo Filho.
E agora o sol com raios mais vibrantes
Conforta o sal da terra e seca o orvalho
De pênseis plantas e árvores; e os pássaros
Que tudo enxergam mais viçoso e verde, 435
Após ruinosa noite de tormenta
Nos ramos, com as notas mais seletas
Cantavam gratulantes nova aurora.
Porém, ao brilho e júbilo da aurora
Não se ausentava após maldades tantas 440
O Príncipe das Trevas; e feliz
Também pareceria, e ao Salvador
Veio, sem nova argúcia, todas gastas;
Mas resolveu sua derradeira afronta,
Desesperado a vomitar a raiva 445
E seu louco desdém por tais repulsas.
Em monte ensolarado o viu andando,
Cercado ao norte e oeste em mata espessa,
Donde sai com a forma habitual;
E em descuidado ânimo lhe disse: 450

"A bela aurora vem-te, Filho Divo,
Pós noite tenebrosa; estrondo ouvi,
Tal como céu e terra se mesclassem,

Was distant; and these flaws, though mortals fear them
455 As dangerous to the pillard frame of Heaven,
Or to the Earths dark basis underneath,
Are to the main as inconsiderable
And harmless, if not wholesom, as a sneeze
To mans less universe, and soon are gone;
460 Yet as being oft times noxious where they light
On man, beast, plant, wastful and turbulent,
Like turbulencies in the affairs of men,
Over whose heads they rore, and seem to point,
They oft fore-signifie and threaten ill:
465 This Tempest at this Desert most was bent;
Of men at thee, for only thou here dwell'st.
Did I not tell thee, if thou didst reject
The perfet season offer'd with my aid
To win thy destin'd seat, but wilt prolong
470 All to the push of Fate, persue thy way
Of gaining David's Throne no man knows when,
For both the when and how is no where told,
Thou shalt be what thou art ordain'd, no doubt;
For Angels have proclaim'd it, but concealing
475 The time and means: each act is rightliest done,
Not when it must, but when it may be best.
If thou observe not this, be sure to find,
What I foretold thee, many a hard assay
Of dangers, and adversities and pains,
480 E're thou of Israel's Scepter get fast hold;

Eu mesmo estava ausente; e tais torrentes,
Embora os mortais julguem perigosas 455
Aos pilares dos Céus, às bases ínferas,
Tão insignificantes são às terras
Dóceis, senão saudáveis, como o espirro
Ao baixo mundo humano, e logo vão-se;
Mas, sendo sempre infensas quando inflamam 460
Nos homens, bestas, plantas, turbulentas,
Tais turbulências nas questões humanas
Em cujos tetos rugem, os quais miram,
Sempre ameaças e presságios trazem:
Essa tormenta no deserto veio 465
Mormente a ti, pois cá somente há tu.
Não te contei? Pois, se tu rejeitares,
Na hora certa, o apoio que te oferto
Para ganhar o assento destinado,
Ao fado prolongando o teu caminho, 470
Ao trono de Davi, não sabes quando,
Pois tanto o como e o quando não são ditos,
Serás o que se ordena a ti, sem dúvida,
Pois anjos proclamaram, mas escondem
O tempo e o meio: cada ato é feito 475
Não quando deve, mas no tempo certo.
Se não te assegurares, certo estejas
Do que previ p'ra ti; tais provações,
Adversidades, dores e perigos,
Antes que o cetro de Israel possuas; 480

Whereof this ominous night that clos'd thee round,
So many terrors, voices, prodigies
May warn thee, as a sure fore-going sign.
So talk'd he, while the Son of God went on

485 And staid not, but in brief him answer'd thus.
Mee worse then wet thou find'st not; other harm
Those terrors which thou speak'st of, did me none;
I never fear'd they could, though noising loud
And threatning nigh; what they can do as signs
490 Betok'ning or ill boding I contemn
As false portents, not sent from God, but thee;
Who knowing I shall raign past thy preventing,
Obtrud'st thy offer'd aid, that I accepting
At least might seem to hold all power of thee,
495 Ambitious spirit, and wouldst be thought my God,
And storm'st refus'd, thinking to terrifie
Mee to thy will; desist, thou art discern'd

And toil'st in vain, nor me in vain molest.
To whom the Fiend now swoln with rage reply'd:
500 Then hear, O Son of David, Virgin-born;
For Son of God to me is yet in doubt,
Of the Messiah I have heard foretold
By all the Prophets; of thy birth at length
Announc't by Gabriel with the first I knew,
505 And of the Angelic Song in Bethlehem field,
On thy birth-night, that sung thee Saviour born.
From that time seldom have I ceas'd to eye

Que essa noite ominosa que te cerca,
Tantos terrores, vozes e prodígios
Te avisem dum presságio assegurado."
Assim falava, e o Filho de Deus segue,
Sem parar, mas sucinto assim responde: 485
"Não me verás mais que encharcado; tais
Terrores que disseste não me afetam;
Nem temi que pudessem, mesmo estrondos,
E ameaças; o que podem como signos
De maus corpos e agouros eu desprezo: 490
Falsos portentos não de Deus, mas teus,
Que, ao saber que sem ti eu reinaria,
Impões a tua ajuda, e se aceito
Dirão que vem de ti todo o poder,
Ambicioso espírito, e que és meu Deus; 495
Negado trovejaste p'ra curvar-me
Aos teus planos; desiste, estás sabido,
Lidaste em vão: em vão não me molestes."
A quem responde o Imigo, inflado em ira:
"Ó virginato, filho de Davi, 500
Pois que Filho de Deus inda não sei:
Do Messias ouvi as predições
Dos profetas por tempo a tua vinda,
Por Gabriel exposta; dos primeiros
E da canção angélica em Belém, 505
Que em teu natal te cantam Salvador,
De então nunca cessei de te observar,

Thy infancy, thy childhood, and thy youth,
Thy manhood last, though yet in private bred;
510 Till at the Ford of Jordan whither all
Flock'd to the Baptist, I among the rest,
Though not to be Baptiz'd, by voice from Heav'n
Heard thee pronounc'd the Son of God belov'd.
Thenceforth I thought thee worth my nearer view
515 And narrower Scrutiny, that I might learn
In what degree or meaning thou art call'd
The Son of God, which bears no single sence;
The Son of God I also am, or was,
And if I was, I am; relation stands;
520 All men are Sons of God; yet thee I thought
In some respect far higher so declar'd.
Therefore I watch'd thy footsteps from that hour,
And follow'd thee still on to this wast wild;
Where by all best conjectures I collect
525 Thou art to be my fatal enemy.
Good reason then, if I before-hand seek
To understand my Adversary, who
And what he is; his wisdom, power, intent,
By parl, or composition, truce, or league
530 To win him, or win from him what I can.
And opportunity I here have had
To try thee, sift thee, and confess have found thee
Proof against all temptation as a rock
Of Adamant, and as a Center, firm

Na infância, meninice e juventude,
Na idade adulta enfim, recluso ainda;
No estreito do Jordão, para onde todos 510
Rebanham-se ao Batista, eu junto ao resto,
Mas não para o batismo, pela voz
Do Céu te soube Filho Divo amado.
Então julguei-te digno de atenção
E próximo escrutínio, p'ra saber 515
Até que ponto e grau és nomeado
Filho de Deus, que tem sentido amplo:
Filho de Deus eu também sou, ou fui;
Se fui, eu sou, a relação perdura,
Pois que todos são filhos de Deus; penso, 520
Porém, que de algum modo és mais excelso.
Teus passos vigiei desde esse instante
E te segui até este vasto ermo,
Onde a partir das deduções concluo
Que deves ser fatal meu inimigo. 525
Sentido faz se busco de antemão
Meu adversário compreender, o quê
E quem é; seu saber, poder e intento,
Por disputa, oratória, aliança e trégua
Tomá-lo, ou tomar dele o que puder. 530
E uma oportunidade aqui eu tive
De tentar-te, observar-te e confessar-te
Imune a tentações como uma rocha,
Feito adamante, como um centro, firme;

535 To the utmost of meer man both wise and good,
Not more; for Honours, Riches, Kingdoms, Glory
Have been before contemn'd, and may agen:
Therefore to know what more thou art then man,
Worth naming Son of God by voice from Heav'n,
540 Another method I must now begin.
So saying he caught him up, and without wing
Of Hippogrif bore through the Air sublime
Over the Wilderness and o're the Plain;
Till underneath them fair Jerusalem,
545 The holy City, lifted high her Towers,
And higher yet the glorious Temple rear'd
Her pile, far off appearing like a Mount
Of Alablaster, top't with golden Spires:
There on the highest Pinacle he set
550 The Son of God, and added thus in scorn:
There stand, if thou wilt stand; to stand upright
Will ask thee skill; I to thy Fathers house
Have brought thee, and highest plac't, highest is best,
Now shew thy Progeny; if not to stand,
555 Cast thy self down; safely if Son of God:
For it is written, He will give command
Concerning thee to his Angels, in thir hands
They shall up lift thee, lest at any time
Thou chance to dash thy foot against a stone.
560 To whom thus Jesus: also it is written,
Tempt not the Lord thy God; he said and stood.

No máximo do homem sábio e justo, 535
Não mais; pois honras, ouro, reinos, glória
Desprezaste e inda os podes desprezar.
Para saber o que és além do homem,
Nos Céus jus proclamado de Deus Filho,
Um novo método perseguirei." 540

Assim dizendo, o agarrou, sem asa
De hipogrifo levou-o no ar sublime
Por sobre o vasto ermo e a planície,
'Té que Jerusalém debaixo deles,
Cidade sacra em torres elevadas 545
Inda mais alto o glório templo erguia
Sua massa, parecendo ao longe um monte
De alabastro com cúpulas douradas:
Ao mais alto pináculo ele trouxe
O Divo Filho e assim escarneceu: 550

"Se podes, fica em pé, que estar de pé
Requer destreza; à casa de teu Pai
Te trouxe ao topo, o topo que é melhor.
Mostra a estirpe; se não manténs teu pé,
Lança-te a salvo, se és Filho de Deus: 555
Está escrito que Ele ordenará
Aos anjos quanto a ti que em suas mãos
Ergam-te p'ra que nunca te aconteça
De os pés bater nas pedras do caminho."

A quem Jesus: "Também está escrito: 560
Não tentarás Senhor teu Deus." Calou-se.

But Satan smitten with amazement fell
As when Earths Son Antæus (to compare
Small things with greatest) in Irassa strove
565 With Joves Alcides and oft foil'd still rose,
Receiving from his mother Earth new strength,
Fresh from his fall, and fiercer grapple joyn'd,
Throttl'd at length in the Air, expir'd and fell;
So after many a foil the Tempter proud,
570 Renewing fresh assaults, amidst his pride
Fell whence he stood to see his Victor fall.
And as that Theban Monster that propos'd
Her riddle, and him, who solv'd it not, devour'd;
That once found out and solv'd, for grief and spite
585 Cast herself headlong from th' Ismenian steep,
So strook with dread and anguish fell the Fiend,
And to his crew, that sat consulting, brought
Joyless tryumphals of his hop't success,
Ruin, and desperation, and dismay,
590 Who durst so proudly tempt the Son of God.
So Satan fell and strait a fiery Globe
Of Angels on full sail of wing flew nigh,
Who on their plumy Vans receiv'd him soft
From his uneasie station, and upbore
595 As on a floating couch through the blithe Air,
Then in a flowry valley set him down
On a green bank, and set before him spred
A table of Celestial Food, Divine,

Assaltado de assombro, Satã cai
Tal como Anteu, filho da Terra (grande
Ao parco se compara) em Irassa contra
O Jôvio Alcida, e derrotado erguia-se 565
Tomando novas forças da mãe Terra,
Recém-caído mais feroz se atraca,
E arremessado ao alto, expira e cai;
Assim no embate o Tentador vanglório
Renova seus assaltos com vanglória 570
E cai p'ra ver o vencedor cair.
Como o monstro tebano que propunha
O enigma e a quem não respondeu comia,
Ao vê-lo resolvido, por despeito
E dor, lançou-se do penhasco ismênio; 585
Assim de angústia e espanto cai o Imigo
E à sua corja reunida traz
Tristes trunfos dos feitos almejados,
Ruína, desespero e aflição,
Que vanglório tentou o Filho de Deus. 590
Assim Satã caiu, e um globo angélico
Em chamas para ali veleja as asas,
E o Filho colhem, em suaves alas plúmeas,
Do estado inoportuno, e o levaram
Qual leito flutuante no ar em júbilo, 595
E o repousaram num viçoso vale,
Em margem verdejante e espalharam
Um celestial banquete de divinos

Ambrosial, Fruits fetcht from the tree of life,
590 And from the fount of life Ambrosial drink,
That soon refresh'd him wearied, and repair'd
What hunger, if aught hunger had impair'd,
Or thirst, and as he fed, Angelic Quires
Sung Heavenly Anthems of his victory
595 Over temptation and the Tempter proud.
True Image of the Father, whether thron'd
In the bosom of bliss, and light of light
Conceiving, or remote from Heaven, enshrin'd
In fleshly Tabernacle, and human form,
600 Wandring the Wilderness, whatever place,
Habit, or state, or motion, still expressing
The Son of God, with Godlike force indu'd
Against th' Attempter of thy Fathers Throne,
And Thief of Paradise; him long of old
605 Thou didst debel, and down from Heav'n cast
With all his Army, now thou hast aveng'd
Supplanted Adam, and by vanquishing
Temptation, hast regain'd lost Paradise,
And frustrated the conquest fraudulent:
610 He never more henceforth will dare set foot
In Paradise to tempt; his snares are broke:
For though that seat of earthly bliss be fail'd,
A fairer Paradise is founded now
For Adam and his chosen Sons, whom thou
615 A Saviour art come down to re-install.

Ambrósios frutos da árvore da vida,
E da fonte da vida ambrósio sumo, 590
Que refrescam o seu cansaço e curam
A fome, se houve fome que sofrera,
Ou sede; e, enquanto come, o coro angélico
Cantava hinos celestes da vitória
Sobre tentação e Tentador vanglório. 595

"Vera imagem do Pai, seja entronado
Num regaço de bênção, luz da luz
Gerando, seja longe do Céu, posto
No tabernáculo da carne, humano,
Vagando vasto ermo, em toda parte, 600
Com modo, estado e hábito que expressam-no
Filho de Deus, por diva força ungido,
Vens contra o Tentador do trono pátrio,
Que foi ladrão do Paraíso, e há tempos
Enfrentaste, lançaste Céu abaixo 605
Com todo seu exército e vingaste
Vencido Adão, venceste a tentação;
Reconquistas perdido Paraíso,
Que a fraude da conquista tu frustraste:
Jamais ele ousará tentar de novo 610
O Paraíso; os seus ardis quebraram-se:
Pois, se falhara o trono sobre a Terra,
Fundou-se inda mais belo Paraíso
Para Adão e seus filhos escolhidos,
Que tu, ó Salvador, reinauguraste; 615

Where they shall dwell secure, when time shall be
Of Tempter and Temptation without fear.
But thou, Infernal Serpent, shalt not long
Rule in the Clouds; like an Autumnal Star
620 Or Lightning thou shalt fall from Heav'n trod down
Under his feet: for proof, e're this thou feel'st
Thy wound, yet not thy last and deadliest wound
By this repulse receiv'd, and hold'st in Hell
No triumph; in all her gates Abaddon rues
625 Thy bold attempt; hereafter learn with awe
To dread the Son of God: he all unarm'd
Shall chase thee with the terror of his voice
From thy Demoniac holds, possession foul,
Thee and thy Legions; yelling they shall flye,
630 And beg to hide them in a herd of Swine,
Lest he command them down into the deep,
Bound, and to torment sent before thir time.
Hail Son of the most High, heir of both worlds,
Queller of Satan, on thy glorious work
635 Now enter, and begin to save mankind.
Thus they the Son of God our Saviour meek
Sung Victor, and, from Heavenly Feast refresht
Brought on his way with joy; hee unobserv'd
Home to his Mothers house private return'd.

The End.

Onde seguros viverão, sem medo
De Tentador e tentação jamais.
Mas tu, Infernal Serpente, nunca mais
Nas nuvens reinarás; como outonal
Estrela ou raio, tu cairás dos Céus 620
Pisado por seu pé; e, como prova,
Sentirás a ferida, não mortal,
Por tal repulsa ganha; sem triunfos
No Inferno; e em seus portais Abadom chora
A tua tentativa, então aprende 625
Temer Filho de Deus, que, desarmado,
Te há de perseguir com voz terrível,
De teus demônicos domínios sujos
A ti e as legiões; pois fugirão
Aos berros p'ra esconder-se num rebanho 630
De porcos e não serem escorraçados
Antes do tempo, atados em tormento.
Filho do Excelso, herdeiro dos dois mundos,
Algoz de Satanás, ao glório feito
Agora vem e salva a humanidade." 635
Ao humilde Salvador Filho de Deus
Vencedor cantam, renovado pelo
Festim celeste; em júbilo o conduzem,
E ao lar materno anônimo retorna.

Fim.

NOTAS AO PRIMEIRO LIVRO

Para as notas aos quatro livros, referências aos poemas *Paraíso Perdido* e *Paraíso Reconquistado* serão feitas através dos acrônimos *PP* e *PR*, seguidos pelos números de seus "cantos" e versos. Para as citações bíblicas, foi utilizada a edição *Almeida Corrigida Revisada Fiel.*

vv. 1-7. Milton abre *PR* com a contraposição entre a desobediência de Adão e a obediência de Jesus. Esses versos ecoam a abertura de *PP* I, em que o poeta evoca a musa celeste ("Heav'nly muse"), segundo a tradição épica, para cantar a primeira desobediência do homem que trouxe dor e morte ao nosso mundo, até um homem maior restaurar-nos (vv. 4-7), contraposição tal derivada da de São Paulo (*Romanos* 19). A identificação do próprio poeta e do que ele mesmo fez anteriormente pode ser uma referência a Virgílio, visto que algumas edições da *Eneida*, antes do célebre verso *arma uirumque cano* ("eu canto as armas e o varão...", que depois Camões reformulou "As armas e os barões assinalados.../ Cantando espalharei"), incluem uma abertura hoje considerada espúria, em que o narrador se apresenta como o autor das *Geórgicas* e das *Bucólicas*. Na tradição da épica inglesa, em 1590, Edmund Spenser também inaugurava o seu longo poema alegórico *The Faerie Queene* anunciando a mudança de suas rústicas flautas de Pã para severas trombetas, indicando a mudança do tom baixo e bucólico dos seus poemas pastorais para o elevado da epopeia.

v. 14. A referência aqui deriva da prática da falcoaria, muito em voga entre os nobres da época de Milton, em que o *full-summed* do texto original designa um falcão maduro.

v. 18. *O grande Anunciador:* São João, o Batista (*Mateus* 3:1-6).

vv. 30-2. Esse trecho ecoa *Mateus* 3:16-17, "E, sendo Jesus batizado, saiu logo da água, e eis que se lhe abriram os céus, e viu o Espírito de Deus descendo como pomba e vindo sobre ele. E eis que uma voz dos céus dizia: Este é o meu Filho amado, em quem me comprazo." (cf. também vv. 80-85).

v. 33. *O Adversário*: termo pelo qual Satã é mencionado em *Jó* 1:6. Esse sentido faz parte da etimologia da palavra Satã, no original hebraico.

vv. 53-4. *fatal chaga... semente de Eva*: referência a *PP* X v. 181, onde é anunciado que a semente de Eva iria ferir a cabeça da serpente, que, por sua vez, é uma paráfrase de *Gênesis* 3:15: "E porei inimizade entre ti e a mulher, e entre a tua semente e a sua semente;

esta te ferirá a cabeça, e tu lhe ferirás o calcanhar". Esse trecho na fala de Satã ecoa a ironia trágica de *PP* X v. 499, no qual ele repete, jubilante, a sentença proferida por Deus como uma marca de vitória, por não a compreender ("A World who would not purchase with a bruise,/ Or much more grievous pain?", *PP* X vv. 500-1). Aqui, parece que finalmente Satã começa a reconhecer o risco que Jesus representa para seu reinado sobre a Terra.

v. 83. *não sei por quê, perfeita pomba*: em todo o trecho anterior, mas especialmente nesse verso, Satã zomba do batizado de Jesus.

v. 85. *nele alegro:* a expressão, que pode soar estranha na tradução, decorre de uma escolha deliberada – e não, ao contrário do que se pode pensar, de uma tentativa de manter métrica às custas da legibilidade – para procurar manter a estranheza do texto original de Milton, com seu uso quase agramatical de uma sintaxe altamente latinizada. Parafraseando *Mateus* 3:17 (cf. vv. 30-2), este verso diz "in him am pleas'd", contrariando, pelo menos, duas regras da norma culta do inglês corrente: uma sendo a de não se utilizar o verbo *to be* sem o sujeito (no caso, há o *am* sem o *I*), e a outra, a de que o verbo *please* não aceita a regência com a preposição *in*.

v. 90. *Quando em trovão lançou-nos ao abismo:* em *PP* VI, narrando a rebelião de Satã e seus anjos caídos, Rafael reconta como, após longa e vã batalha entre os anjos, o Filho de Deus, emprestando o poder do Pai, fulmina com raios todos os oponentes e lança-os ao Inferno, pondo fim à rebelião.

v. 140. *Eclipsá-la*: aqui Milton parafraseia *Lucas* 1:35, em que Gabriel anuncia como Maria conceberia Jesus, com o Espírito Santo cobrindo-a com sua sombra.

v. 147. *Jó*: famosa figura bíblica, cuja história é narrada no livro homônimo. Satã o tenta fazendo-o passar por provações, como a perda de sua riqueza, de sua família e de sua saúde, com o intuito de fazê-lo maldizer Deus e acusá-lo de injustiça. Porém, para a infelicidade de Satã, Jó permanece paciente e, por isso, é recompensado por Deus com um estado de prosperidade ainda maior do que o inicial. Jó é mencionado com frequência ao longo de todo o poema, e sua figura, especialmente no que diz respeito à resistência e à paciência, é comparada à de Jesus.

v. 159. *Pecado e Morte*: ambos os conceitos são personificados em *PP* II. Pecado (feminino) é a filha de Satã, concebida ainda no Céu, com quem ele copula incestuosamente e gera o monstro que é seu neto/filho (masculino), Morte. Ambos são presos com ele no Inferno e guardam seus portões. No entanto, com a Queda do homem (*PP* X), são soltos no mundo, para causar sofrimento.

v. 182. *Vigília*: aqui, uma celebração noturna à véspera de uma festa sagrada.

v. 184. *Betábara*: também conhecido como Betânia, local onde João Batista realizava os batizados.

v. 255. *Simeão e Ana profética*: as profecias de Simeão e Ana estão em *Lucas* 2:25-38.

vv. 266-7. Esses versos ecoam *Isaías* 53:6, "Todos nós andávamos desgarrados como ovelhas; cada um se desviava pelo seu caminho; mas o Senhor fez cair sobre ele a iniquidade de nós todos."

v. 294. *estrela da manhã*: termo derivado de *Apocalipse* 22:16, "Eu, Jesus, enviei o meu anjo para vos testificar estas coisas a favor das igrejas. Eu sou a raiz e a geração de Davi, a resplandecente estrela da manhã". Também é o nome dado a Lúcifer (literalmente, "portador da luz"), que representa o planeta Vênus, a primeira luz a brilhar no céu e a última a se apagar.

v. 319. *P'ra aquecê-lo ao voltar d'área longeva*: o verso, ao pé da letra, indicaria um campo úmido, porém, como há um jogo de palavras com o nome de Eva (*Eve*) na figura da véspera (*at Eve*), optamos por verter como "área longeva".

v. 491. *Balaão*: figura presente em *Números* 22. Balaão é visitado por Balaque, filho de Zipor, rei dos moabitas, que lhe pede que amaldiçoasse os israelitas recém-fugidos, de modo que, com essa maldição, fossem arrasados pelos moabitas. Deus, no entanto, aparece a Balaão e o proíbe de amaldiçoar os israelitas.

NOTAS AO SEGUNDO LIVRO

v. 4. *Jesus Messias*: tanto a palavra "Messias", do hebraico, quanto sua tradução para o grego da Septuaginta, "Cristo", significam "(o) Ungido".

v. 7. *André e Simão*: Santo André e seu irmão, Simão Pedro, mencionados em *João* 1:39-40.

v. 16. *Tisbita*: outro nome para o profeta Elias, referente ao seu local de nascimento, Tisbe. Tal como Jó, ele também é um paradigma recorrente de comparação com Jesus ao longo de todo o *PR*.

vv. 18-20. Em *Reis* 2:15-17, após a ascensão de Elias ao céu, cinquenta homens foram enviados para procurá-lo durante três dias, sem sucesso.

vv. 20-4. *Betábara*: vide nota em I v. 184; *Jericó*, cidade das palmas, cidade às margens do rio Jordão, hoje território palestino, foi o ponto de destino da fuga dos hebreus do Egito; *Maqueronte*: morro fortificado entre o Jordão e o Mar Morto, crê-se ter sido lugar da execução de João Batista; *Salém*: lugar mencionado em *Gênesis* 14:18, também outro nome para Israel; *Enoni:* ou *Aenon*, nome grego derivado do hebraico *ay-yin*, significando "fonte" ou "nascente", outro local dos batizados de João Batista, próximo a

Salém; *Genesaré*: lago Genesaré, outro nome para mar da Galileia; *Pereia*: uma porção do reino de Herodes, ao lado leste do vale do Jordão.

v. 68. Milton faz referência à prece "Ave-Maria", em *Lucas* 1:28, parafraseando-a.

v. 87. *Simeão*: figura mencionada em *Lucas* 2:25-35, que havia abençoado Jesus em sua circuncisão e também profetizado sobre sua crucificação.

vv. 150-2. *Belial*: demônio suntuoso, ligado ao luxo, ao requinte e a prazeres sensuais, mencionado no *PP* I-II, em que sugere, durante a assembleia infernal, que os demônios, então recém-caídos, aguardassem no Inferno, quietos, até que a ira de Deus se abrandasse; *Asmodeus*, *Asmodai* ou *Asmodeu*: outro demônio da tradição judaico-cristã, do *Livro de Tobias*, tipicamente relacionado à luxúria, mencionado anteriormente por Milton numa breve passagem em *PP* IV.

v. 171. Segundo descrito em *Reis* 11:4, Salomão pecou por idolatria ao adorar os deuses nativos (em especial Astaroth e Moloch) das nações das mulheres estrangeiras com as quais se casara. Por isso, Deus fez com que seu reino fosse cindido em dois após sua morte.

vv. 186-191. É notável que todos os mitos mencionados nesse trecho são mitos de abduções e estupros de ninfas por várias divindades greco-latinas, associando essas figuras pagãs com os anjos caídos de

Satanás, tal como Milton fizera anteriormente em *PP* I. *Calisto*: ninfa de Ártemis, origem da constelação de Ursa Maior segundo a mitologia; *Sêmele*: filha de Cadmo com Harmonia, mãe de Dioniso, segundo algumas versões do mito; *Antíopa*: amazona, filha de Ares, abduzida por Teseu; *Climene*: provavelmente aqui seja a ninfa mãe de Prometeu (há, no entanto, outras figuras mitológicas com o mesmo nome); *Dafne*: ninfa perseguida por Apolo, transformada no louro; *Siringe*: ninfa perseguida por Pã, transformada num caniço, dando origem ao instrumento musical com seu nome, *syrinx*; *Amimone*: umas das 50 filhas de Dânao, atacada por um sátiro e salva por Posêidon, por quem se apaixonou, gerando um filho, Náuplio; *Netuno*, *Apolo*, *Júpiter*, *Pã*: famosos deuses da mitologia, todos envolvidos em abduções, perseguições e estupros; *Silvano*: divindade romana que preside sobre bosques e campos; *Fauno*, *Sátiro*: figuras metade humanas, metade animalescas (tipicamente com a parte inferior de um bode), das mitologias grega e latina, respectivamente. Embora haja diferenças entre uma e outra representação, elas são bastante sutis, e, com frequência, as figuras se confundem. São tipicamente relacionados à luxúria e ao apetite sexual desregrado, perseguindo ninfas.

vv. 196-200. *peleu*: referência aqui a nascido em Pela, na Macedônia, e não ao filho de Peleu (Aquiles). Aqui, Milton se refere claramente a Alexandre, o Grande, que, ainda muito jovem, conquistou a Ásia Menor, a Índia e a Pérsia, fundando, no processo, ao menos 20 cidades com o nome de Alexandria e difundindo a cultura helenista pelo Oriente; *aquele que teve o nome da África*: Cipião Africano, mencionado brevemente por Milton em *PP* IX, foi um renomado general romano que derrotou Aníbal e conquistou a região da península ibérica, anteriormente sob poder cartaginense. Ambas as referências aqui indicam como os dois generais não se deixaram subjugar por mulheres, focados na realização de suas conquistas militares.

vv. 214–16. Milton faz referência à cena do canto XIV da *Ilíada*, em que Hera, com segundas intenções no que respeita à Guerra de Troia, seduz Zeus valendo-se de uma cinta que tomara emprestada de Afrodite.

vv. 267-276. O sonho de Jesus aqui faz referência a dois momentos na história do profeta Elias, estabelecendo novamente um paralelo entre os dois. O primeiro se refere à fuga de Elias ao lago Querite, próximo ao Jordão, onde os corvos lhe trouxeram alimento, em *Reis* 17:5-6. A outra, em *Reis* 19:1-13, conta que, por ofender Jezebel, tendo matado os profetas, Elias é forçado a fugir para Bersebá na Judeia. De lá, parte para o deserto, onde, após muito vagar, adormece sob um galho de zimbro, pedindo a Deus pela morte. Alimentado por um anjo duas vezes com uma ceia sobre os carvões, ele parte numa viagem de 40 dias ao Monte Horeb.

v. 278. *Daniel com suas favas*: em *Daniel* 1:8-19, tendo sido eleito por Nabucodonosor para ensinar as letras e as línguas dos caldeus, Daniel, junto com outros três escolhidos, foi convidado a viver por três anos com o rei e se alimentar de suas iguarias; porém, não querendo se contaminar com uma dieta impura, manteve uma dieta de favas, que são pequenas leguminosas, uma espécie de vagem.

vv. 308-314. *escrava fugitiva, Nebaiote*: aqui, as referências são à serva Agar e seu filho Ismael, que teriam morrido no deserto, não fosse pela intervenção de um anjo (*Gênesis* 21: 17-19). Ismael aqui é mencionado através do nome de seu primogênito, Nebaiote; *Profeta de Tisbe*: ver nota referente ao v. 16.

v. 328. *Repasto impuro*: a referência aqui é às leis de dieta da *kashrut* judaica. Há ironia nessa tentação de Satã, visto que Jesus não segue a *kashrut*.

vv. 344-5. *âmbar gris*: também conhecido como âmbar pardo ou âmbar de baleia, é uma substância de cheiro forte produzida por baleias cachalotes, que era usada na Europa como condimento, além de perfume e remédio; *pescas (...) de escama ou concha: Levítico*, como parte da *kashrut* judaica, proíbe a ingestão da carne de qualquer animal marinho que não tenha barbatanas e escamas, excluindo, assim, crustáceos e moluscos. Esse trecho parece continuar a ironia de Satã, apresentando alimentos impuros, apesar de ele dizer o contrário.

v. 347. *Ponto*: o Mar Negro, conhecido pelos gregos como Ponto Euxino; *Lucrino*: baía próxima de

Nápoles, onde os romanos pescavam ostras (tal hábito é ridicularizado por Juvenal, em suas *Sátiras*, IV, v. 141); *Costa África*: a costa africana.

v. 353-366. É importante ressaltar aqui a recorrência novamente de nomes das mitologias grega e latina associados à tentação de Satã. *Ganimedes*: herói troiano, filho do rei Tros e da náiade Calírroe, abduzido por Zeus na forma de uma águia por causa de sua beleza, para se tornar escanção no Olimpo; *Hilas*: um dos companheiros argonautas de Héracles (Hércules), que, especula-se, foi seu amante; *Ninfas da procissão de Diana*: Diana era a deusa romana da lua e da caça, semelhante à grega Ártemis; *Náiades:* ninfas aquáticas; *chifre de Amalteia:* Amalteia foi a cabra que alimentou Zeus infante, e seu chifre é um símbolo de abundância, que deu origem à imagem da cornucópia; *Hespérides*: jardim mítico de Hera, habitado por ninfas e guardado pelo dragão de cem cabeças Ládon – roubar uma maçã dourada desse jardim foi um dos trabalhos de Hércules; *Liones, Logres*: na lenda arturiana, Liones foi a terra de nascimento do rei Artur, e Logres, o nome dado ao seu reino (derivado do galês, *Lloegr*, Inglaterra); *Péleas*, *Lancelote*: cavaleiros da Távola Redonda; *Pelinore*: rei de Listeneise, na lenda arturiana, terra do Santo Graal. Tais referências parecem ecoar o plano abandonado de Milton de escrever uma *Arturíada*; *Flora*: deusa romana das florestas.

v. 423. *Antípatro, o Edomita*: general macedônio que apoiou Filipe II e Alexandre, o Grande. O gentílico "edomita" indica sua nacionalidade, que é a do antigo reino de Edom, localizado ao sul de onde hoje se encontra a Jordânia.

v. 439. *Gideão*: juiz israelita da tribo de Manassés em *Juízes* 6:8, escolhido por Deus para libertar o povo de Israel dos midianitas e condenar a idolatria; *Jefté*: juiz em *Juízes* 6, que salvou Israel dos amonitas; *pastor*: Davi.

v. 446. *Régulo, Fabrício, Quíntio e Cúrio*: provavelmente Marco Atílio Régulo, Gaio Fabrício Luscino, Quíntio Emílio Papo e Mânio Cúrio Dentado, importantes cônsules e heróis da história de Roma.

NOTAS AO TERCEIRO LIVRO

vv. 14-15. *Urim e Tumim*: Mencionadas em *Êxodos* 28:30 no Velho Testamento, em *Levítico* 8:8, dentre outros, são duas pedras que Arão portava consigo na placa peitoral, utilizadas para adivinhação.

vv. 32-39. *Filipe da grande Macedônia*: pai de Alexandre, o Grande, e Filipe III Arrideu, ele estabilizou a situação do império macedônio e começou a sua expansão, conquistando Anfípolis, Crenides, a Tessália, entre outras cidades e regiões; *Ciro*: 1º imperador do Império Aquemênida na Pérsia, tema da *Ciropédia* de Xenofonte; *jovem Cipião*: ver nota ao livro II vv. 196-200; *Pompeu jovem*: Gneu Pompeu Magno, líder político e militar romano, que teve sua primeira vitória militar aos 24 anos; *Júlio*: Júlio César, que Plutarco (*A Vida de César*) diz ter chorado ao ler sobre os feitos de Alexandre, por não ter tido ainda um único grande feito do qual se gabar.

v. 96. *Sócrates*: Jesus aqui louva a famosa virtude do filósofo grego e lamenta que compartilhe a glória ao lado de militares. Em *PR* IV vv. 286-330, no entanto, Jesus escarnece da filosofia grega como um todo.

vv. 159-170. *Tibério*: imperador romano entre 17-37 d.C., período em que Jesus pregou e foi crucificado;

Macabeu: Judas Macabeu, hebreu que liderou a revolta macabeia contra os selêucidas; *Modin*: lugar onde se deu a revolta macabeia e origem da dinastia dos hasmoneus.

v. 206. *Pois, se não há esperança, não há medo.* Milton aqui está parafraseando a famosa expressão em latim *Nec spe nec metu* – "sem medo, sem esperança". Diz-se que era o lema pessoal do pintor barroco Caravaggio (1571-1610), o que indica sua popularidade entre os séculos XVI e XVII.

v. 242. (*Qual quem buscando asnos reino achou*): Saulo, nos livros de Samuel, foi um jovem israelita comandado por seu pai, Kish, a procurar por asnos perdidos, quando o profeta Samuel, ao vê-lo, tem a revelação de que ele seria o primeiro rei de Israel.

vv. 270-302. Nesse trecho, Milton enumera uma grande lista de regiões e imperadores do Oriente, dando um panorama da grandeza da conquista bélica, com a qual Satã insiste, sem sucesso, em tentar Jesus. *Araxes*: também conhecido por Araz, é um dos maiores rios do Cáucaso, localizado entre Turquia, Armênia, Irã e Azerbaijão; *Eufrates*: um dos dois grandes rios da Mesopotâmia, juntamente com o Tigre; *Indo*: longo rio oriental, que corta a China, a Índia e o Paquistão; *Nínive*: uma grande cidade, mencionada em *Jonas* 3; *Ninus*: fundador de Nínive; *Salmaneser*: rei da Assíria e da Babilônia que invadiu a Palestina e fez Oseias de vassalo (*Reis* 2:17);

Persépolis: literalmente, a "cidade dos persas", em grego, localizada onde hoje é o Irã; *Báctria*: região histórica hoje compartilhada pelo Afeganistão, Tajiquistão, Uzbequistão e Turquemenistão, foi por um tempo um dos limites do império romano; *Ecbátana*: capital do reino de Astíages, onde hoje é a cidade de Hamadã, próxima a Teerã; *Hecatômpilos*: literalmente, a "cidade de cem portões", em grego, parte da Pártia ou império parta, onde hoje é território iraniano; *Susa e Coaspes*: antiga cidade do império babilônio e seu rio (também conhecido como Ulai), respectivamente, mencionados em *Daniel* 8:2; *Criada por mão partas ou emátias* / *Grande Selêucia*: cidade às margens do rio Tigre fundada por Seleuco para sediar o governo macedônio (emátio), porém, antes, a região pertencera aos partas, um povo que habitava o nordeste do Irã atual; *Nísibe*: cidade mesopotâmia, situada numa região hoje pertencente à Turquia; *Teredon*: cidade situada na confluência do Tigre e do Eufrates; *Artaxata*: cidade situada às margens do rio Araxes, numa região hoje pertencente à Armênia; *Ctesifonte*: antiga capital da Pártia; *Ársaces*: primeiro rei da Pártia; *citas*: habitantes da Cítia, região maior localizada ao norte e nordeste da Pártia; *Sogdiana*: antiga região, também localizada onde hoje é o Irã, cuja história militar envolve batalhas com Alexandre, o Grande, assimilação pela Báctria, pela Cítia e pelo Império Persa.

vv. 316-21. *Aracósia*: reino situado entre os atuais Irã e Afeganistão, governado pelo império

Meda em 600 a.C., atualmente chamado de Sistão; *Candar*: também chamada de Candaar ou Kandahar, é uma antiga cidade localizada onde hoje é o Afeganistão; *Margiana*: uma das províncias (chamadas de satrapias) do antigo império Aquemênida da Pérsia; *Hircânia*: região no atual Irã entre os montes Elbruz e o Mar Cáspio; *Atropátia*: província meda ao sul do rio Araxes; *Adiabena*: antigo reino independente assírio da Mesopotâmia; *Média*: região do atual Irã onde habitavam os medas, vizinha dos impérios parta e persa; *Susiana*: cidade antiga do atual Irã, próxima ao rio Tigre, que já pertenceu aos impérios elamita, parta e persa; *Balsara*: porto em Shatt-al-Arab, onde hoje é a cidade de Baçorá, ou Basra, no Iraque.

vv. 339-343. *Agricano, Albraca, Galafrone, Angélica*: personagens do épico *Orlando Apaixonado*, de Boiardo, cujo enredo envolve um cerco à fortaleza de Albraca, pertencente a Galafrone, pai da bela Angélica e rei de Catai, na China, por Orlando, Astolfo e outros cavaleiros quando esta é tomada por Agricano, um dos admiradores de Angélica, que a sequestra também no processo; *Carlos Magno*: (747-814) célebre monarca, foi rei dos francos, dos lombardos e, depois, o primeiro imperador do Sacro Império Romano.

v. 359. *Samaritano*: grupo etnorreligioso do Oriente Médio, praticante de uma religião semelhante ao judaísmo. Entre os cristãos, eles são conhecidos pela parábola do Bom Samaritano contada por Jesus em

Lucas 10:25-37, em que um samaritano ajuda um judeu, após ele ser roubado, espancado, abandonado na estrada e, em seguida, ignorado tanto por um sacerdote quanto por um membro da tribo de Levi. O aspecto surpreendente da parábola repousa no fato de que samaritanos e judeus eram inimigos.

v. 367. *Antígono e Hircano velho*: segundo Flávio Josefo, Antígono consolidou seu poder com o apoio do império parta enfrentando seu tio, o sumo sacerdote Hircano, que teve auxílio dos romanos. Depois de um reinado de três anos, Antígono foi executado por Herodes, que também acabou por executar Hircano.

v. 417. *Astaroth*: Astarte ou Ishtar, adorada pelos povos fenícios, babilônios e sumérios, era uma entidade divina demonizada pela tradição judaico-cristã, o que pode ser observado em textos de demonologia, como o grimório anônimo do século XVII, *Clavicula Salomonis* (*Chave de Salomão*), que descreve rituais para invocação e controle de demônios; *Baal*: qualquer ídolo ou imagem gravada para adoração, considerada pelos judeus como um falso Deus.

v. 431. *Betel*: cidade importante de adoração para os judeus, situada entre Benjamim e Efraim e mencionada várias vezes em *Gênesis*, foi onde Jacó repousou, fugindo da ira de seu irmão, Esaú; *Dã*: outra cidade bíblica ocupada pela tribo de Dã, como descrito em *Juízes*. Foi nessas duas cidades que Jeroboão estabeleceu seu culto idólatra ao bezerro de ouro.

NOTAS AO QUARTO LIVRO

vv. 10-20. Milton aqui se insere numa tradição épica de uso de símiles entre guerreiros e insetos alados. A referência mais imediata é a Ariosto e a comparação entre os mouros atacando os cristãos e moscas em uvas maduras (*Orlando Furioso*, XIV), mas Homero antes já comparava os guerreiros em torno do corpo de Sarpédon a moscas ao redor do leite (*Ilíada*, XVI).

v. 27. A planície em questão é o Lácio.

v. 31. *Setentrião*: para os romanos, o vento norte, equivalente ao deus Bóreas dos gregos.

v. 49. *Rocha Tarpeia*: um penhasco próximo ao monte Capitolino em Roma, empregado para execuções de criminosos.

vv. 67-79. *Via Emília*: estrada romana ao norte da península itálica, indo de Rimini a Piacenza, passando pelo rio Pó; *Ápia*: uma das mais importantes estradas romanas, ligando a cidade de Roma a Brindisi – alguns de seus trechos sobreviveram até os dias de hoje; *Siena*: cidade romana famosa pela lenda de Rômulo e Remo, os dois meninos criados por uma loba; foi supostamente fundada por Sênio, filho de Remo;

Meroé, ilha nilótica: antiga cidade na margem leste do Nilo – ruínas de mais de 200 pirâmides marcam o local onde ela se encontrava; *Boco*, em *Mauritânia*: rei bérbere que governou a Mauritânia, território na costa mediterrânea do norte da África, onde hoje é o Marrocos, a partir de 110 a.C.; *Pártia*: ver nota ao livro III vv. 270-302; *Quersoneso*: antiga colônia grega fundada na Crimeia e depois tomada pelos romanos no século I a.C.; *longínqua ilha Taprobana*: nome antigo dado pelos gregos e romanos à ilha de Ceilão, atualmente Sri Lanka, é mencionada três vezes nos *Lusíadas*, uma vez no canto I e duas no X; *sarmácios:* também conhecidos como sármatas, eram um povo antigo iraniano relacionado aos citas; *germanos*: também chamados teutônicos, foram um grupo etnolinguístico que, na antiguidade tardia, começou a se espalhar pela Europa; *Danúbio*: o segundo maior rio da Europa, nascendo na Floresta Negra na Alemanha e desembocando no Mar Negro entre a Romênia e a Ucrânia; *Táurico*: mar de Azof.

vv. 92-3. *Cápria*: uma ilha itálica no mar Tirreno; *Campânia*: região itálica cuja capital atualmente é Nápoles. A menção aqui a essas duas regiões se dá porque foi para elas que Tibério se dirigiu após se retirar do governo.

vv. 103-4. *Com minha ajuda, sim; pois me foi dado / O poder, e por lei to posso dar*: esse trecho é uma paráfrase de *Lucas* 4:6, "E disse-lhe o diabo:

Dar-te-ei a ti todo este poder e a sua glória; porque a mim me foi entregue, e dou-o a quem quero."

vv. 117-9. *Falerno, Sétia, Cales*: vinhedos romanos; Sétia era próximo de Roma, enquanto os de Cales e Falerno se localizavam na Campânia, próximos ao Vesúvio; *Quio*: ilha do Mar Egeu, famosa na antiguidade por seus vinhos; *Creta*: a maior das ilhas próximas à Grécia, lar, segundo a mitologia, do Minotauro; *mirrina*: cálices feitos de uma rara argila parta.

vv. 176-7. *No primo mandamento... servir*: o primeiro dos dez mandamentos, recebidos por Moisés em *Êxodos* 20:2-17, "Eu sou o Senhor, teu Deus."

v. 185. *Reis dos Reis*: em *Daniel* 2:37, o termo se refere a Nabucodonosor. O cristianismo, no entanto, se apropria dele na expressão "Rei dos reis, Senhor dos senhores" para se referir a Jesus, como se observa em *I Timóteo* 6:15 e *Apocalipse* 17:14, 19:16.

v. 201. *Tetrarcas*: um governante, dono de uma tetrarquia, uma das quatro partes pelas quais se dividiam as províncias de Roma. Aqui, no entanto, a palavra carrega o sentido adicional de as tetrarquias em questão serem os quatro elementos, dominados pelos demônios companheiros de Satã.

vv. 238-253. *Egeu*: as ilhas egeias são um conjunto de ilhas no Mar Egeu, entre a Grécia e a Turquia; *Himeto*: cadeia de montanhas na região de Atenas;

Ilisso: rio grego que tinha a nascente no Himeto e corria por Atenas; *Liceu*: ginásio grego, famoso por ter sido frequentado por Aristóteles; *Estoá*: na arquitetura grega, é um corredor coberto cercado de colunas, é a origem do nome da escola filosófica dos estoicos.

v. 259. *O cego Melesígenes*: segundo *A Vida de Homero*, de Pseudo-Heródoto, Melesígenes seria o nome de nascimento do poeta. Na literatura, são frequentes as alusões à sua suposta cegueira.

vv. 279-80. *Peripatéticos*: nome dado aos afiliados a Aristóteles, provavelmente por causa do ambulatório (*peripatos*), na propriedade da escola; *Epicuro*: (341-270 a.C.) filósofo grego fundador da doutrina do epicurismo, que, entre outras coisas, considerava que o objetivo da vida humana era obter a felicidade, evitando a dor física e mental; *severos estoicistas*: seguidores do estoicismo, movimento filosófico do período helenístico que considerava as emoções e paixões como derivadas de falsos julgamentos, e sustentando que o sábio deveria ser imune a eles, sendo, assim, imune a toda e qualquer infelicidade.

vv. 293-308. Em todo esse trecho, Jesus faz uma crítica às principais doutrinas filosóficas da antiguidade, descartando-as em prol da sua própria. O primeiro a quem Jesus se refere é Sócrates, enunciador da célebre frase "Só sei que nada sei", e, novamente, a virtude do filósofo, defendida no livro III, é louvada, e ele escapa a ser severamente criticado como os outros. O segundo é provavelmente Platão, que elaborou suas obras a partir da vida e das ideias de Sócrates. O terceiro é uma referência a Pirro de Élis (360-270 a.C), fundador do ceticismo pirrônico, que defendia um estado de inquisição permanente sobre as coisas e questionava todo saber estabelecido. Que tal posicionamento filosófico entre em conflito com questões ditadas pela fé – como a existência de Deus – é evidente. Em seguida, Jesus critica os epicuristas, por mesclarem virtude com prazeres carnais, e os estoicos, por negarem tudo no mundo em sua busca pela perfeição, da qual se orgulham.

v. 422. *Fúrias*: equivalentes latinos das Erínias, entidades vetustas, nascidas das gotas de sangue derramadas no evento da castração de Urano por Crono. Com frequência, representam leis antigas, punindo crimes cometidos em família, como acontece na *Oresteia* de Ésquilo, em que perseguem Orestes após ele matar a própria mãe, Clitemnestra. A referência a elas, no entanto, pode ser menos específica, ressaltando apenas suas características como torturadoras ferrenhas, como parece ser o caso aqui.

v. 542. *Hipogrifo*: uma criatura do bestiário medieval, gerada pelo cruzamento de um cavalo com um grifo, ser mítico com corpo de leão e cabeça e asas de águia. O hipogrifo aparece como montaria do cavaleiro Rogério no poema *Orlando Furioso* de Ariosto (canto IV, estrofes XVIII e XIX) e é tipicamente representado com cabeça, garras e asas de águia, como pode ser visto no quadro de Ingres, *Roger délivrant Angélique* ("Rogério Livra Angélica") de 1819.

vv. 564-5. *Irassa*: região da Cirenaica na costa norte da África; *Jôvio Alcida*: referência a Héracles (ou Hércules), que era Jôvio por ser filho de Jove, mas recebia o patronímico Alcida por ser neto de Alceu.

vv. 572-3. *Como o monstro tebano... comia*: referência evidente à Esfinge, tal como representada pela mitologia grega, em especial no mito de Édipo, que se tornou rei de Tebas ao decifrar o seu enigma, fazendo com que o monstro se matasse se atirando de um penhasco.

v. 624. *Abadom*: literalmente "destruição" em hebraico; apesar de, a princípio, ser outro nome para Seol – o reino dos mortos judaico, frequentemente traduzido por "inferno", mas mais semelhante ao Hades grego, onde todos os mortos jazem sem julgamento moral –, nas escrituras cristãs, o nome descreve o anjo do abismo, cujos terríveis gafanhotos são enviados como tormento aos homens, tal como descrito em *Apocalipse* 9:11. Milton aqui o associa a Satã e aos outros anjos caídos.

vv. 636-9. O retorno ao lar materno ecoa a expulsão do Éden nos versos finais do *PP*, agora, porém, com o tom positivo da fé cristã.

DA PERDA À RECONQUISTA

Guilherme Gontijo Flores (UFPR)
Adriano Scandolara
Vinicius Ferreira Barth

As últimas obras de John Milton (Londres, Inglaterra, 1608-1674) foram publicadas em 1671, num só volume intitulado *Paradise Regained – A Poem In IV Books – To which is added Samson Agonistes* (*Paraíso Reconquistado – Um poema em IV livros – Ao qual se acrescenta Sansão Agonista*). Mas não se sabe muito sobre suas datas de composição, apenas que este conjunto foi liberado para publicação em 2 de julho de 1670. Sobre o contexto desse período, Laura Knoppers faz um notável resumo:

> Um reino e uma corte amplamente vistos como luxuriosos e dissolutos. Conflitos sobre a soberania, excessos financeiros e uma corte que parecia tolerar o papado. Uma situação doméstica em que a repressão apenas parecia reforçar a resolução dos não conformistas. Casos da corte amplamente divulgados, que mostravam atos parlamentares contra dissensão como uma ameaça à liberdade, à propriedade e aos direitos ingleses. Nesse contexto de inquietude, resistência e debate – mais do que simples derrota –, Milton publicou sua épica breve e sua tragédia clássica. (2009, p. 583 – tradução nossa)[1]

[1] Mais sobre o período e vida de Milton, cf. CAMPBELL; CORNS, 2008. Todas as traduções de citações, quando não indicadas edições nacionais na bibliografia ou aqui diretamente, são dos autores.

Sabendo que *Paraíso Perdido* foi publicado originalmente em 1667, é importante notar que Milton, tanto nele quanto em *Paraíso Reconquistado*, trabalha de modo alusivo e metafórico os problemas de seu tempo, se preocupando mais com as questões morais de cunho geral. Mas não nos deteremos aqui nessa complexidade constitutiva das obras; nos interessa mais sua construção genérica.

Melhor começar por algumas curiosidades sobre as origens de *Paraíso Reconquistado* (*PR*). Quanto à retomada que faria, em termos literários, à épica anterior, há especulação sobre uma suposta interpelação de Thomas Ellwood, em 1665, a Milton: "Thou hast said much of Paradise lost, but what has thou to say of Paradise found" ("Disseste muito sobre o Paraíso perdido, mas o que tens a dizer sobre o Paraíso encontrado?", *apud* HANFORD, 1926, p. 268), numa clara ironia ao *Paraíso Perdido* (*PP*), que ainda sequer havia sido publicado. Em 1666, Ellwood teria tido a primeira oportunidade de ver uma versão do novo poema, como resposta a seu pedido. No entanto, Edward Phillips, sobrinho de John Milton, afirma que *PR* só teria sido iniciado após a publicação do *Paraíso Perdido*, ou seja, no ano seguinte.

Independentemente das datas, podemos ter certeza de que o plano do *PP* é anterior, bem como o começo de sua realização; mas que *PR* guarda, para além do título, uma similaridade muito grande quanto a estilo, construção épica, diálogos genéricos etc. com o seu precursor, isso também é certo. De modo similar, podemos dizer que *PP* exigia, como narrativa, uma continuidade: é claro que ela poderia ser suprimida com os conhecimentos do leitor sobre a "vinda" de Cristo; mas sua continuidade como nova representação da tentação é perfeitamente encadeada na estrutura preestabelecida do *PP*.

Outro fato é que o *PR* sempre foi considerado muito inferior ao *PP*. Mesmo estudiosos como Marjorie Nicolson tendem a insistir sobre o resultado infeliz da continuação. Geralmente, esse tipo de conclusão avaliativa é ingênua, pois tende a limitar a crítica da continuação pelos méritos do primeiro poema; quando, apesar das similaridades, temos, neste caso, duas construções bastante diversas quanto à sua poética. O próprio Milton não julgava desse modo, segundo seu sobrinho, e dava a entender que considerava *PR* sua grande obra. Nesse sentido, é importante, conforme pondera John Rogers, avaliar alguns critérios para analisar menos comparativamente a obra:

> Certamente, a primeira coisa que notamos ao ler a sequência do *Paraíso Perdido* é a diferença radical do seu estilo. A textura retórica do *Paraíso Reconquistado* constitui, quiçá, seu maior afastamento do *Paraíso Perdido*. E, embora a maioria dos leitores do *Paraíso Reconquistado* julgue-o menos agradável estilisticamente do que o *Paraíso Perdido*, Milton indiscutivelmente impôs sobre o seu estilo poético e sobre as suas inclinações literárias gerais acerca de um modo visionário de mitopoiese uma série deliberada de restrições. Este poeta podou suas longas e divagantes sentenças em declarações mais breves e menos equívocas, substituindo a luxuriante polivalência dos símiles épicos, que tanto marcavam a qualidade ornamental do *Paraíso Perdido*, com a austeridade puritana do argumento simples e da afirmação de fato. (2009, p. 590)

Isso não implica necessariamente afirmações equivocadas como a de Nicolson (1964, p. 324), de que "a intricada tessitura do *Paraíso Perdido* tornou-se simples e sem adornos", ou que "aqueles que julgaram o estilo latinizado e retórico do *Paraíso Perdido* não encontrarão tal problema no *Paraíso Reconquistado*, em que a linguagem é quase dura em sua simplicidade" (*ibid.*).[2] Mas, absolutamente, não se trata de nada disso.[3] Melhor do que comparar, é ver a relações entre os dois *Paraísos*.

Milton planejou por muitos anos suas obras-primas, e seus vários projetos encontram-se anotados no manuscrito de Trinity ou de Cambridge (escrito entre 1640 e 1642, quando o poeta tinha seus trinta e poucos anos, e cerca de 25 anos antes da primeira publicação do *PP*), como ficou conhecido. Dentre eles, temos cerca de 100 projetos apontados como dramas, inclusive com temáticas arturianas. Tudo nos leva a crer que o poeta teria feito também uma lista de possíveis épicas, tal como a ideia de uma *Arturíada*, contando

[2] Um pouco na contramão, o crítico Northrop Frye observa, ao comentar sobre o problema da *originalidade* e dos *direitos autorais* de uma obra: "[...] e Milton, que não desejou nada além do que roubar tanto quanto possível da Bíblia. Não é apenas o leitor inexperiente que procura por uma originalidade *residual* em tais obras. A maioria de nós tende a pensar que a verdadeira realização de um poeta é distinta da realização presente no que ele roubou, ou mesmo que é contrastante com ela, e nós então ficamos inclinados a nos concentrar em fatos críticos periféricos, em vez de em centrais. Por exemplo, a grandeza central de *Paradise Regained*, como poema, não é a grandeza das decorações retóricas que Milton adicionou à sua fonte, mas a grandeza do tema em si, que Milton *transmite* ao leitor a partir de sua fonte. A concepção de o grande poeta ser encarregado de um grande tema era elementar o suficiente para Milton, mas viola a maioria dos preconceitos miméticos baixos acerca da criação dentro dos quais todos nós somos educados." (In: FRYE, Northrop. *Anatomia da crítica – quatro ensaios*. Tradução de Marcus de Martini. São Paulo: É Realizações, 2014). [N. E.]

[3] O que Rogers (2009, p. 590) afirma não diz respeito aos maneirismos sintáticos, ou à seleção vocabular de gosto latinizado, como trataremos mais adiante; mas, mais especificamente, à retórica de referências, símiles etc.

os feitos da Távola Redonda como espécie de épica de formação inglesa, a partir de uma viagem de proporção "troiana" até as margens da Inglaterra. Tema que parece instigar Milton também em seus textos em prosa, como *Apology for Smectymnuus* (*Apologia de Esmectínuo*) e *Reason of Church government* (*Razão para o governo eclesiástico*). É provável que esse plano tenha sido descartado porque não se enquadrava no desejo de temática "verdadeira" que Milton pretendia utilizar, já que os feitos de Artur são ligados, no mais das vezes, à ideia de lenda infundada.

Na lista do manuscrito de Trinity, temos ainda a indicação de uma peça intitulada *Adam unparadised* (*Adão desparadisado*), que trata claramente do tema da Queda. Esse tema, ligado à fé puritana de Milton, não correria o risco de se constituir como mera "lenda", tal como o ciclo arturiano. Talvez essa seja a virada para uma épica cristã. No manuscrito, essa peça é uma das mais desenvolvidas, apresentando personagens, algumas falas e uma estruturação em cinco atos; além disso, Milton já havia preparado um plano de cenário e alguns rascunhos para o texto, com a inserção de coros entre as falas, e a presença de figuras abstratas como personagens, tais como Sabedoria, Justiça, Misericórdia, Consciência, Doença, Morte etc. (algumas, principalmente a Morte, presentes no *PP*).

Sabemos ainda, por meio de Edward Phillips, autor de uma biografia de seu tio, que o tema da Queda "foi elaborado como uma tragédia, e no quarto livro do seu poema [*PP*] há seis versos que, muitos anos antes de o poema ser iniciado, foram apresentados a mim e a alguns outros como planejados para serem a abertura da dita tragédia [*PR*]" (*apud* NICOLSON, 1964, p. 180). Estes são os dez primeiros versos, que aparecem na boca de Satã, como uma apelação ao Sol, citados por Phillips:

> *O thou that with surpassing Glory crown'd,*
> *Look'st from thy sole Dominion like the God*
> *Of this new World; at whose sight all the Stars*
> *Hide thir diminisht heads; to thee I call,*
> *But with no friendly voice, and add thy name*
> *O Sun, to tell thee how I hate thy beams*
> *That bring to my remembrance from what state*
> *I fell, how glorious once above thy Sphere;*
> *Till Pride and worse Ambition threw me down*
> *Warring in Heav'n against Heav'n's matchless King*
> [*PP* IV, vv. 32-41]
>
> Ó tu, a quem coroa uma alta glória:
> Que pareces e onde só dominas
> O Deus do Mundo Novo, e à tua vista
> Os astros todos sua face escondem;
> Eu a ti me dirijo, não amigo,
> Porque só o teu nome pronuncio,
> Ó Sol, para dizer-te que aborreço
> O fulgor teu, que à minha ideia traça

De que estado caí, quão glorioso
Muito acima eu já fui da tua esfera,
'Té que a soberba, atra ambição me ousaram
A guerrear dos Céus contra o Rei alto.
[trad. Targini]

Presume-se que a "leitura" desses versos a que Phillips se refere tenha se dado por volta de 1658. De qualquer modo, por essa datação, pode-se supor que Milton só começou a épica depois de cego, com ajuda do sobrinho como "coeditor". E, se acreditarmos em Phillips, podemos imaginar ainda que outras partes da tragédia foram incorporadas à épica. Nos esboços que pudemos comparar, encontramos muitas cenas similares à conversa entre Rafael e Adão no canto V (embora apareça no esboço Miguel); há referências à batalha no Céu e à criação do mundo (cantos VI e VII); a troca de acusações entre Adão e Eva (canto XI), dentre outras similaridades. Mas não havia a figuração de Deus e do Messias na peça; coisa que se tornava mais realizável numa narrativa épica. Como, porém, Milton fez essa transição é difícil afirmar.

Seguindo ainda essa linha genérica de suposições, podemos afirmar que o profundo diálogo que Milton estabeleceu entre drama e épica no *Paraíso Perdido* já é uma sua temática recorrente. Basta consultar os breves estudos de Merritt Hughes (1957), Marjorie Nicolson (1964) ou John Leonard (2000), para perceber como o assunto tem sido analisado. A questão fica explícita para o leitor quando nota quantos diálogos preenchem o texto (o canto II tem um debate entre demônios; o canto III, entre os celestes; a narrativa dos feitos divinos, do canto V ao VIII, está inteira dentro de um diálogo; a cena da tentação no canto X etc.). O resultado é uma peça muito grande para o palco e também muito diversa em sua construção poética. Mas, se considerarmos a mistura genérica, fica patente que estamos diante de uma épica trágica: a Queda do homem, espelhada na Queda de Satã, é uma peripécia que afeta o destino de toda a humanidade subsequente, ao mesmo tempo que explica a existência do mal no mundo, sem atribuí-lo diretamente a Deus – um problema teológico que aflige os pensadores cristãos há séculos. “Mas o *Paraíso Perdido* não é um drama; é uma épica construída através de dramas. Está claro que se trata de uma épica. Ele começa como começam a *Ilíada* e a *Eneida* [...]” (HUGHES, 1957, p. 1973).

Há relações inegáveis entre os personagens do *Prometeu*, de Ésquilo, e o Satã, de Milton; embora (ao contrário da leitura romântica) Satã não seja um personagem tão admirável quanto Prometeu. A semelhança constitutiva se torna óbvia se compararmos o trecho citado acima de Satã com a primeira fala de Prometeu, em Ésquilo (vv. 88-93); não há sequer necessidade de uma comparação minuciosa:

> ὦ δῖος αἰθὴρ καὶ ταχύπτεροι πνοαί,
> ποταμῶν τε πηγαί, ποντίων τε κυμάτων
> ἀνήριθμον γέλασμα, παμμῆτόρ τε γῆ,
> καὶ τὸν πανόπτην κύκλον ἡλίου καλῶ·
> ἴδεσθέ μ' οἷα πρὸς θεῶν πάσχω θεός.
>
> Ó divino fulgor e velozes alados ventos
> E fontes de rios e inúmero brilho
> De ondas marinhas e Terra mãe de todos,
> E invoco o onividente círculo do Sol.
> Vede-me que dos Deuses padeço Deus
> [trad. Jaa Torrano]

Igualmente, podemos retraçar uma série de obras dialógicas que fundam um gênero no qual provavelmente Milton teria bebido. Há, por exemplo, uma série de peças sobre o mistério, como *Adamus exul* (*Adão exilado*, 1601), de Hugo Grócio, e *L'Adamo* (1613), de Giambattista Andreini.[4] Para além da temática da

---

[4] Há também a possibilidade de influência de outras obras, como *Lucifer*, de Joost van den Vondel, e *Adamo caduto* (*Adão caído*), de Serafino della Salandra. Para além disso, podemos apontar também *The Faerie Queene*, de Spencer, sobretudo livro II, canto VIII, com a tentação de Guyon; e *Christ's Victory and Triumph*, de Giles Fletcher.

Queda pelo pecado, os textos também compartilham a falha de Adão em seu amor desmesurado por Eva; a troca de injúrias entre os dois depois da Queda, com o risco do fim da humanidade. Além deles, temos uma grande série de peças da Contrarreforma, com temática similar, e, indiscutivelmente, a influência do *Livro de Jó* é fundamental, inclusive por sua característica dialógica, tanto que Hanford afirma:

> Em sua estrutura, o poema é sem dúvida profundamente inspirado pelo *Livro de Jó*, que, como vimos, Milton encarava como um modelo de épica mais breve. Milton traça um paralelo entre a tentação de Cristo e a tentação de Jó, no livro, vv. 146 e ss. As duas obras têm a característica comum de progredirem sobretudo pelo diálogo com breves passagens narrativas, introdutórias, conclusivas e conectivas. (1926, pp. 272-3)

Por fim, temos a influência da *Divina Comédia*, de Dante, uma épica cristã baseada, sobretudo, numa exposição dialógica entre o protagonista (o próprio Dante, que personifica o homem), seus dois guias, Virgílio e Beatriz, e as diversas personagens míticas e históricas que encontra durante sua viagem pelos círculos do Inferno, Purgatório e Céu.[5]

---

[5] Importante notar também que, no manuscrito de Trinity, Milton elencou a possibilidade de uma peça intitulada *Christus Patiens* (*Cristo resistindo*), que poderia já conter o germe de *Paradise Regained* (*PR*).

A influência de Dante pode ser ainda mais sentida no *Paraíso Reconquistado*: se o *PP* é uma "tragédia", com seu movimento para a ruína do homem originada na Queda por meio do pecado; o *PR* é necessariamente a contraparte cômica (no sentido dado por Dante para sua *Comédia*, um movimento que termina com o relaxamento da tensão trágica, análogo ao dos finais felizes das comédias das tradições anteriores). Aqui, a Queda original é restaurada na segunda grande tentação, sobre a figura redentora de Cristo, capaz de vencer Satã e estabelecer a nova aliança entre Deus e os homens. O final feliz é o que dá sentido à humanidade, depois da depressão da Queda; diferentemente de Satã, o homem ainda tem a escolha entre o bem e o mal. Assim, o diálogo travado entre Jesus e Satã representa as diversas facetas entre o bem e o mal, com a vitória suprema do bem encarnado em Jesus. A necessidade dessa continuação está já anunciada no canto III de *PP*, quando o Messias se dispõe ao sacrifício em nome da humanidade, assim que Deus informa ao Céu que o homem há de cair e sofrer a Morte pelo Pecado. Vamos ver agora de que modo a estrutura dramática do *PP* é radicalizada em *PR*.

Em primeiro lugar, a seção dialógica do poema é imensa; o narrador quase se apaga e dá lugar a diversas falas (nesse sentido, *PR* está para a *Odisseia* tal como *PP* está para a *Ilíada*, de Homero) que tomam boa parte do corpo do texto. Para além disso, *PR* tem mais possibilidade de caber numa peça, já que tem apenas 2.070 versos, menos de um quinto do *PP*, e sua estrutura dialógica é muito mais simples, fica praticamente encerrada nos diálogos entre o Messias e Satã.

A base bíblica para todo o *PR* é a tripla tentação de Cristo no deserto, em *Lucas*; também presente em *Mateus*, mas *Lucas* tem prioridade por deixar a tentação do pináculo para o fim. A estrutura do poema, portanto, é bem simples: Satã expõe três tentações para Cristo: 1) ceder à fome e aceitar os alimentos produzidos por ele, Satã (livros I e II); 2) usar seu poder para ter soberania secular sobre os homens e, por fim, aceder à glória; e 3) lançar-se do alto do pináculo do templo de Jerusalém, com a confiança de que será salvo pelos anjos. Tentações que, por sua vez, representam os três pecados principais: gula, cobiça e vaidade. E esses três pecados são desdobrados: no primeiro, da gula, também está a questão da fé na Providência (quando Satã oferta alimentos e um banquete); na cobiça, estão a ambição, a vanglória, a luxúria, por oposição à temperança demonstrada por Cristo; finalmente, na vaidade, o orgulho, a soberba,por oposição à firmeza humilde do Messias.

A complexidade do diálogo épico, portanto, está no modo de representar a principal batalha como uma disputa entre dois polos opostos, ao mesmo tempo que o próprio Cristo precisa carregar consigo a dupla existência de divino e humano. Daí que o diálogo filosófico, mais do que precisamente a tragédia ou a comédia antiga, é que pode funcionar como base genérica de fusão com a épica neste poema (*PR*).

Em primeiro lugar, a grande disputa está centrada nas três tentações, que se desdobram em Milton sobre outros problemas correlatos, que precisam, para além de uma mera negação, de uma justificativa para tal negação: Cristo deve, afinal, não apenas recusar as ofertas de Satã, mas também demonstrar como tais ofertas são falaciosas, embora na aparência possam ser razoáveis. A técnica de Cristo é, portanto, a da refutação filosófica do que é apresentado pelo Inimigo; mas a filosofia de Cristo não pode se aliar aos preceitos da lógica antiga, ou de sua metafísica e sua ética. Cristo filósofo é, acima de tudo, um teólogo *avant la lettre*, capaz de utilizar os conhecimentos filosóficos greco-romanos, de discursar sobre o uso da retórica, sobre a vaidade dos feitos bélicos, ou do orgulho pelo saber que demonstram os filósofos. Temos aqui uma espécie de *contrafilosofia*, um saber que recusa o saber, ou a confiança no saber, e estabelece na fé seu fundamento básico de saber, ou de sabedoria; problema que está apresentado sobretudo no livro IV, quando estamos chegando ao clímax da obra.

Esse é um problema que também aparece no *PP*, quando Rafael responde a algumas perguntas de Adão:

> To *ask or search I blame thee not, for Heav'n*
> *Is as the Book of God before thee set,*
> *Wherein to read his wondrous Works, and learn*
> *His Seasons, Hours, or Days, or Months, or Years:*
> *This to attain, whether, Heav'n move or Earth,*
> *Imports not, if thou reck'n right; the rest*
> *From Man or Angel the freat Architect*
> *Did wisely to conceal, and not divulge*
> *His secrets to be scann'd by them who ought*
> *Rather admire*
> [*PP* VIII, vv. 66-75]

> As tuas reflexões eu não crimino,
> Nem as dúvidas tuas: como um livro
> O Céu é, que Deus pôs ante teus olhos,
> A fim de leres nele as maravilhas
> Das obras suas, estudando os tempos
> Das estações, das horas, dias, meses
> E anos; porém saber nada te importa
> Se é o Céu ou a Terra que se move,
> Ou teus cômputos são ou não exatos.
> O supremo Arquiteto sabiamente
> Dos anjos escondeu e dos humanos
> Seus segredos, que não fará patentes
> Àqueles que em lugar de os admirarem
> Procurarem sondá-los.
> [trad. Targini]

O saber é incentivado por Deus, mas é também limitado; e aqui Milton parece estar muito preocupado com a epistemologia do seu tempo, com as grandes perguntas sobre o formato da Terra, com as revoluções operadas pela divulgação das teorias de Kepler e Copérnico etc. (Milton chega mesmo a considerar a possibilidade de vida em outros planetas, *PP* VIII vv. 144-5). A solução não é condenar tais saberes como errôneos, sobretudo se os fatos tendem a comprovar sua veracidade, mas questioná-los enquanto saber necessário, já que Deus não teria se preocupado em dar as ferramentas necessárias para atingir tal saber. De modo similar, mais adiante no mesmo canto, Rafael também afirma, VIII v. 168: *Leave them to God above, him serve and fear* ("A Deus as deixa, que Infinito as sabe:/ De o servir trata só, cuida em amá-lo" – trad. Targini). Assim, o principal problema filosófico do saber, no *PP*, é a epistemologia, ou delimitar o campo do saber humano, dentro da perspectiva da teologia.

Quando chegamos ao *PR*, temos finalmente o debate ético, que inclusive envolve a epistemologia indicada anteriormente; e é do conceito de livre-arbítrio que todo diálogo depende (como vemos em *PP*):

Thine and of all thy Sons
The weal or woe in thee is plac't; beware.
(...) stand fast; to stand or fall
Free in thine own Arbitrement it lies.
Perfet whithin, no outward aid require;
And all temptation to transgress repel
[*PP* VIII, vv. 637-43].

Tua sorte feliz ou desgraçada
Como a dos filhos teus está pendente
Da tua própria mão: sê cauteloso.
(...) tem a mor firmeza,
Pois que só da vontade tua livre
Depende o sustentares-te na posse
Do bem que gozas, sem no mal caíres.
A tua eterna perfeição prescinde
De qualquer requerer estranho auxílio.
De ti aparta tudo quanto possa
Da transgressão levar-te ao fatal crime
[trad. Targini]

No entanto, Rafael não ensina, ou melhor, se recusa a ensinar os meandros da moral, confiante nos dons internos dados por Deus ao homem. É dependendo do livre-arbítrio de Adão que ocorre a Queda; por isso, não podemos tratá-lo como mera marionete nas mãos de Deus e do Diabo: ele é uma figura importantíssima para retratar o dilema do humano diante da cisão de forças que se opera no mundo. É, afinal, na figura de Cristo que Milton repassa a moral, a ética cristã para se reconquistar o Paraíso. Por isso, não devemos nos assustar se vemos Jesus comentar saberes que provavelmente ele não teve oportunidade de estudar (uma suposta quebra de verossimilhança humana): ele também é Deus e, onisciente, pode dialogar sobre qualquer assunto.[6] Do mesmo modo, não devemos nos espantar se a crítica aos filósofos é tão severa. Eis a penúltima proposta de Satã:

> *All knowledge is not couch't in Moses Law,*
> *The Pentateuch or what the Prophets wrote,*
> *The Gentiles also know, and write, and teach*
> *To admiration, led by Natures light;*
> *And with the Gentiles much thou must converse,*
> *Ruling them by perswasion as thou mean'st,*
> *Without thir learning how wilt thou with them,*
> *Or they with thee hold conversation meet?*
> [*PR* IV, vv. 225-32]

[6] Há certo problema nessa afirmação. Pela teoria da cristologia ariana, que Milton defendia em seu *De doctrina Christiana*, o Cristo foi criado por Deus Pai, e não é parte de uma Trindade, embora exista muito antes do nascimento propriamente dito de Jesus. Assim, a figura do Messias já aparece no *PP* como intermediário dos feitos de Deus (no canto III, na assembleia celeste, ou nos cantos VI e VII, em que derruba as tropas de Satã e depois cria o mundo), mas sem sua onisciência. De qualquer modo, podemos afirmar sobre o seu conhecimento como entidade primordial que existe antes dos seres humanos e é fundamental para a criação do mundo, segundo a leitura do próprio Milton sobre a abertura do evangelho de João.

Pois nem todo saber está na Lei
De Moisés, Pentateuco ou nos Profetas;
Gentio também sabe, escreve e ensina
Guiado pela luz da Natureza;
Com os gentios tu deves conversar,
P'ra que os governes por persuasão;
Sem sua ciência, como hás de com eles,
E eles contigo como hão de falar?

Satã propõe que Jesus deva dominar as artes da persuasão (a retórica) para convencer os pagãos e agregá-los à fé; o único modo seria, então, dominar o saber deles. Mas a resposta do Messias é uma recusa radical:

Think not but that I know these things, or think
I know them not; not therefore am I short
Of knowing what I aught: he who receives
Light from above, from the fountain of light,
No other doctrine needs, though granted true;
But these are false, or little else but dreams,
Conjectures, fancies, built on nothing firm.
The first and wisest of them all profess'd
To know this only, that he nothing knew;
The next to fabling fell and smooth conceits,
A third sort doubted all things, though plain sense;
Others in vertue plac'd felicity,
But vertue joyn'd with riches and long life,
In corporal pleasure he, and careless ease,
The Stoic last in Philosophic pride,

By him call'd vertue; and his vertuous man,
Wise, perfect in himself, and all possessing
Equal to God, oft shames not to prefer,
As fearing God nor man, contemning all
Wealth, pleasure, pain or torment, death and life,
Which when he lists, he leaves, or boasts he can,
For all his tedious talk is but vain boast,
Or subtle shifts conviction to evade.
[*PR* IV, vv. 286-308]

"Não penses que não sei tais coisas; pensa
Que não as sei; pois nada a mim me falta
Do saber que é devido; quem recebe
Luz de cima, da fonte dessa luz,
Não quer doutrinas, mesmo que legítimas;
Estas são falsas, pouco mais que sonhos,
Conjecturas, tolices, não têm base.
O primeiro e mais sábio professava
Que só sabia nada mais saber;
O segundo caiu em sutilezas;
Outro descrê de tudo, até do óbvio;
Fundem felicidade e virtude outros,
Mas virtude longeva entre riquezas;
Outro, em prazer corpóreo e puro ócio;
Fica o estoico no orgulho filosófico
Que ele chama virtude; o seu virtuoso
Sábio e perfeito em si, possui o tudo
Igual a Deus, nem peja em promover-se,
Não teme Deus nem homem, só despreza
Bens, prazer, dor, tormento, morte e vida,
Recusa o que enumera e assim bufona,
Pois toda sua fala é de bufão,
Ou troca a convicção para escapar-se.

Paraíso Reconquistado nas ilustrações de William Blake

William Blake

Milton por Blake

William Blake (Londres, 1757-1827) foi poeta, tipógrafo, pintor, gravurista, ilustrador, místico, visionário e revolucionário, autor de famosas obras literárias como *O casamento do céu e do inferno*, *Canções da inocência* e *Canções da experiência*. Mas autor também de grande série de iluminuras e ilustrações tanto para seus próprios poemas quanto de outros autores e obras, como o *Livro de Jó* e diversas cenas da bíblia, Dante Alighieri, John Bunyan, Thomas Gray, John Milton, entre outros. Deste último, foi um admirador confesso, sendo inegável que sua obra tenha exercido grande influência em Blake como poeta e artista. Vários de seus desenhos que representam Satã, a morte, o pecado etc. provavelmente foram inspirados em John Milton, para quem compôs ainda em homenagem um longo poema-ilustrado intitulado *Milton*. Além disso, a maior parte de sua poesia mística é quase uma resposta direta (ou reescrita) ao *Paraíso Perdido*, para o qual fez uma série de ilustrações entre os anos 1807, 1808 e 1822. Entre 1816 e 1820, criou a série de doze ilustrações para a outra épica de Milton, o *Paraíso Reconquistado*, reproduzidas nesta seção. Nelas, vemos um Blake maduro como colorista/aquarelista, de olhar atento ao texto ilustrado, procurando transpor e justapor de maneira expressiva a simetria entre a calma, a serenidade, o repouso de Jesus e a ansiedade, o desespero, a tensão de Satã, com suas torcidas enérgicas para que aquele caia em suas tentações (*vide* as imagens das três tentações ou ainda a intitulada "Cristo recusa o banquete ofertado por Satã"). Blake dramatiza, assim, o conflito que há no poema entre a imaginação/inspiração divina e o materialismo satânico.

[N. E.]

The Baptism of Christ

"O batismo de Cristo"

[Livro I, vv. 29-39]

Cristo apresenta-se a João Batista e é batizado antes de iniciar seu recolhimento ao deserto, onde irá jejuar e meditar sobre seu destino.

The First Temptation

"A primeira tentação"

[Livro I, vv. 337-360]

Satã aparece para Jesus no deserto, propondo que Ele use seu poder para transformar pedras em pão e, assim, fazer cessar o tormento da fome.

Andrew and Simon Peter Searching for Christ

"André e Simão Pedro procuram por Cristo"

[Livro II, vv. 9-24]

Os irmãos pescadores André e Pedro reconheceram o Messias no batismo, mas Ele saiu em retiro. Assim, os dois o buscam, temerosos de perdê-Lo.

Mary at Her Distaff Watched Over by Two Angels
"Maria com sua roca guardada por dois anjos"
[Livro II, vv. 60-68]

Quando André, Pedro e os outros batizados voltam do rio Jordão e Maria não vê Jesus, invade seu peito angústia de mãe, que teme por seu filho.

Satan in Council

"Satã em conselho"

[Livro II, vv. 115-148]

Satã pede ajuda aos demônios para derrotar Jesus antes que Este lhes retire o poder sobre os homens na Terra e os despache para o Inferno.

Christ Refusing the Banquet Offered by Satan

"Cristo recusa o banquete ofertado por Satã"

[Livro II, vv. 366-391]

Manjares de variados tipos, vinhos inebriantes compõem o banquete que Jesus recusa como ardil, dizendo ao Tentador que tudo já Lhe pertence.

The Second Temptation

"A segunda tentação"

[Livro III, vv. 386-402; 441-443]

Sobre a montanha, de onde se vislumbra a imensidão da Terra e seus reinos, Satã oferece tudo a Jesus, que só precisa ajoelhar--Se diante dele.

Christ's Troubled Dream

"O sonho atormentado de Cristo"

[Livro IV, vv. 408-419]

Satã e sua prole "sombria e incorpórea" invadem o sono do Salvador com sonhos maus, miragens assustadoras e a natureza em furioso destempero.

Morning Chasing Away the Phantoms
"A aurora afasta os fantasmas"
[Livro IV, vv. 426-431]

Jesus ficou imperturbável diante de espectros assustadores e entes infernais; assim, a noite horrenda dissolveu-se ao sol de um dia jubiloso.

The Third Temptation

"A terceira tentação"

[Livro IV, vv. 549-562]

Satã leva Jesus ao pináculo do Templo e o desafia a se jogar para ver se anjos viriam salvá-lo. "Não tentarás o Senhor teu Deus", responde Ele.

Christ Ministered to by Angels
"Cristo é servido pelos anjos"
[Livro IV, vv. 593-595]

Satã dá-se por vencido enfim e repete sua Queda, enquanto Jesus é cuidado por anjos que lhe dão repouso e alimentos na Terra sossegada.

Christ Returns to His Mother

"Cristo retorna à sua mãe"

[Livro IV, vv. 636-639]

Reconquistado o direito ao Paraíso para Adão e sua descendência, a humanidade, Jesus volta à casa de sua mãe para cumprir seu destino.

Cristo começa sua resposta com a afirmação definitiva do seu saber, que tudo abarca e não carece de doutrinas, mesmo que legítimas. Essa fala já retoma a questão epistemológica previamente apresentada no *PP*: Cristo não precisa de um saber humano, mesmo que legitimado, por dois motivos: a) ele é divino em seu saber, sem a necessidade da especulação; e b) como humano, esse saber não tem a validade que o saber moral da fé pode oferecer. Daí ele começa a expor como conhece a filosofia grega e como não precisa dela, já que ela pouco passa de sonhos. Assim, da apresentação geral da refutação, partimos para os particulares: o mais sábio dos gregos já assumia nada saber, clara referência a Sócrates via Platão, usando da sua própria ironia para desarmá-lo: como ele competiria com o Deus dos cristãos? Em segundo lugar, o discípulo de Platão, Aristóteles, tão apegado à definição e à categorização; para Cristo, esse trabalho conceitual é vão, filigranas de um saber inútil. Em terceiro lugar, a referência é a Pirro de Élis, fundador da escola cética, obviamente desprezível aos olhos de Cristo pela sua falta de fé como fundamento do saber; os epicuristas, com sua confusão entre felicidade e virtude, sobretudo dentro do prazer (e aqui Milton lê os epicuristas como hedonistas), quando no cristianismo o sofrimento em vida pode ser um sinal da felicidade após a morte. Por último, o grupo mais dificilmente criticável por um cristão, os estoicos, recebe maior detalhe na crítica; o principal problema está em dois fatores: excesso de confiança no saber, e daí a vaidade (que o próprio Cristo terá de superar logo adiante) do conceito ideal do sábio estoico, um quase-Deus na terra; em segundo lugar (e talvez o fator fundamental), fica a hipocrisia dos sábios, que não se comportam tal como pregam, um tema que aparece muito nos diálogos de Luciano. A crítica continua ainda por mais de cinquenta versos, passando pela literatura e oratória pagãs, por contraposição aos ensinamentos religiosos da *Bíblia*, como a poesia dos *Salmos*, e o saber menos afetado que se encontra na linguagem dos livros sapienciais.

Na prática, em sua fala, Cristo já refutou o alimento contra o jejum desejado e a vanglória que poderia obter com feitos políticos, literários ou sofísticos. Resta, por fim, eliminar a vaidade. Assim, na última tentação do deserto, Satã leva Jesus ao mais alto dos pináculos de Jerusalém e exige que ele prove sua divindade, jogando-se do alto: o argumento é simples, se ele é Deus, não há risco de morrer, portanto ele pode demonstrar quanto quiser o seu poder. A resposta é tudo o que poderia ser dito a Satã:

also it is written,
Tempt not the Lord thy God
[*PR* IV, vv. 560-1]

"Também está escrito:
Não tentarás Senhor teu Deus."

Duas metades de versos, sem mais recursos formais de refutação filosófica, apenas a palavra sagrada, referência a *Deuteronômios* 4:16. Acima do drama ensaiado, acima do diálogo filosófico, a batalha épica do *Paraíso Reconquistado* é ganha pela fé no ensinamento bíblico. Diante da resposta, é Satã quem literalmente cai, reencenando fisicamente a cena da sua primeira queda (*PP* VI), bem como a queda da humanidade.

> Satã, neste momento da sequência, fica novamente espantado, fulminado. Nessa surpreendente repetição do seu estado inicial de espanto, a identidade *deste* Filho de Deus com a *daquele* Filho de Deus – o heroico vice-rei do Pai, que com a carruagem do Pai fulminantemente conseguiu derrubar Satã e seus seguidores, *headlong themselves ... Down from the verge of Heaven* (*PP* VI, vv. 863-4) – foi estabelecida. (ROGERS, *op. cit.*, p. 607)

Só que aqui, diante da sua nova queda, está aberto o *Paraíso*, dessa vez, *reconquistado*.

A TRADIÇÃO ÉPICA

É comum nos estudos a respeito da obra de Milton deparar com análises que coloquem o *Paraíso Reconquistado* como uma obra intencionalmente anexada ao enredo desenvolvido ao longo do épico *Paraíso Perdido*. É igualmente comum que aquele seja colocado aquém deste no que concerne à qualidade da dicção épica de Milton, nos desenvolvimentos temáticos e na riqueza ilustrativa construída pela linguagem minuciosa do primeiro poema.

Vale ver, então, como essa conexão entre os dois *Paraísos* é consumada, já que não é explícita a ponto de apresentar uma fluência contínua do enredo, e também em que termos as duas obras podem estar de fato retomando, retratando ou até mesmo pervertendo convenções da poesia épica tradicional.

Para isso, é necessário que se pense um pouco a respeito do estatuto da poesia épica no renascimento e no pós-classicismo, contexto em que Milton elabora as suas próprias épicas, já distanciadas de um modelo estritamente antigo. É sabido que Torquato Tasso, por meio de sua obra-prima, *Gerusalemne Liberatta* (*Jerusalém libertada*), exerceu grande influência no modelo épico de composição de Milton. Este, tendo viajado pela Itália ainda em tempos de juventude e admirado o trabalho de Tasso, afirma de maneira patriótica que a língua inglesa é, também, digna do *Phoebus Apollo*, o deus da poesia e das artes, o que indica que, já em momentos anteriores da carreira, ele teria o plano da composição épica em mente.[7] O plano inicial proveniente dessa ideia acabou sendo, portanto, a composição de uma já mencionada *Arturíada*, ou o poema épico que recontasse os feitos gloriosos do rei Artur no passado das terras britânicas, apontando para um futuro ainda mais glorioso. É de se imaginar que o modelo vigente para a escrita desse poema seria Virgílio, ainda que a influência de Tasso e, em alguma medida, de Camões, viesse a concretizar ali um modelo de épica da Renascença. Tratemos brevemente dessas interconexões por meio de exemplos selecionados dos poemas, para que possamos, ainda que superficialmente, ver as operações de Milton sobre algumas convenções do gênero épico.

[7] Para um debate mais minucioso sobre o assunto, cf. NICOLSON, 1964.

Primeiramente, observaremos alguns elementos presentes no *PP*, tal como elencados por David Quint (1993). O primeiro exemplo é o do jardim do Éden como sendo uma releitura das ilhas Canárias de Tasso:

(...) or happy Isles,
Like those Hesperian Gardens famed of old,
Fortunate Fields, and Groves and flowery Vales,
Thrice happy Isles
[*PP* III, vv. 567-70]

Ou Ilhas Fortunadas, semelhantes
Aos Jardins das Hespérides famosos
Na prisca antiguidade; Ilhas três vezes
Felizes, cujos campos aprazíveis
Seus bosques, seus vales eram sempre
De flores esmaltados
[trad. Targini]

Também a viagem de Satã pelo Caos no livro II, em direção à ilha paradisíaca do Éden, encontra paralelos na épica, sendo comparada a uma jornada marítima odisseica (sendo o Caos '*a dark / illimitable ocean*'), que também ressoa outro poeta com grande contribuição a Milton enquanto modelo: Camões. Sobre isso, diz David Quint, dando grande importância ao papel do poeta português:

> Enquanto a ficção de Milton retoma a de Tasso e outras viagens épicas anteriores – as de Odisseu, Jasão, Eneias e o Guyon de Spenser –, seu subtexto principal é a jornada de Vasco da Gama em torno do Cabo da Boa Esperança em direção à Índia n'*Os Lusíadas*. (1993, p. 253)

Com essa observação em mente, notamos o símile da viagem de Satã descrito por Milton, primeiramente explicitando o caráter odisseico da jornada e rememorando figuras da épica antiga:

> *He ceas'd; and Satan staid not to reply,*
> *But glad that now his Sea should find a shore,*
> *With fresh alacritie and force renew'd*
> *Springs upward like a Pyramid of fire*
> *Into the wilde expanse, and through the shock*
> *Of fighting Elements, on all sides round*
> *Environ'd wins his way; harder beset*
> *And more endanger'd, then when Argo pass'd*
> *Through Bosporus betwixt the justling Rocks:*
> *Or when Ulysses on the Larbord shunnd*
> *Charybdis, and by th' other whirlpool steard.*
> [*PP* II, vv. 1010-20]

> Disse o Caos, e sem lhe dar resposta
> Satanás, apressado e já contente
> De poder encontrar um porto ou praia
> No tenebroso pélago que arava,
> Qual de fogo pirâmide se eleva
> Através da extensão selvagem, bruta,

E impávido dobrando a força sobe
Por entre os choques duros dos rodantes
Elementos que em torno se combatem
E o faziam correr maiores riscos,
Que de Argos a famosa nau cortando
As ondas entre as rochas que dividem
Do tormentoso Bósforo as correntes,
Ou quando Ulisses quis a seu bombordo
Caríbdis evitar, sua manobra
A novo escolho leva, do outro lado:
[trad. Targini]

Depois, por meio de uma intertextualidade traçada de modo muito próximo ao episódio do gigante Adamastor, de Camões, através de outro símile:

(...) them who sail
Beyond the Cape of Hope, and now are past
Mozambiq.
[*PP* IV, vv. 159-61]

Assim, aqueles que dobrando o Cabo
Tormentório, além já de Moçambique,
[trad. Targini]

Emily Wilson (2006), no artigo intitulado "*Quantum mutatus ab illo*: moments of change and recognition in Tasso and Milton" ("*Quantum mutatus ab illo*:

momentos de mudança e reconhecimento em Tasso e Milton"), faz uma amarração bastante coerente a respeito das possíveis causas maiores para as tragédias enfrentadas tanto pelo herói Tancredo, em *Jerusalém libertada*, quanto por Satã no *Paraíso Perdido*. Tancredo, como bem lembrado por ela, falha seguidas vezes em reconhecer Clorinda em situações-chave do poema. Esses insucessos, segundo ela, devem-se ao fato de os próprios personagens falharem em reconhecerem-se a si próprios. Clorinda falha com relação à sua própria crença e certeza a respeito de si mesma (lembrando que ela, fazendo parte do exército muçulmano durante o poema, pede para ser batizada como Cristã no momento de sua morte). Satã, por sua vez, falha incessantemente em aceitar a sua própria culpa pela Queda e de seus comparsas. O orgulho, que acaba por causar a própria vanglória mesmo em momentos de ruína, faz com que os momentos de reconhecimento do *PP* tratem, em geral, de um "reconhecimento de si mesmo". Vale observar o que ocorre logo no início do poema, no momento exatamente posterior à Queda de Satã e seu exército:

If thou beest he; but O how fall'n, how changed
From him, who in the happy realms of light
Clothed with transcendent brightness didst outshine
Myriads though bright.
[*PP* I, vv. 84-7]

És tu acaso aquele...? mas que vejo!
Quão diferente desse que já foste
Nos reinos da luz pura, onde vestido
De um fulgor transcendente te exaltavas
Sobre milhões de seres luminosos!
[trad. Targini]

Ocorre, assim, a falha não apenas em reconhecer aquele de tão longo tempo partido, como Odisseu com sua cicatriz, mas também aquele que está próximo e, momentos antes, era facilmente reconhecido como o herói glorioso mas agora se degenera e, mais importante, renega-se a aceitar a condição de Caído. No *Paraíso Reconquistado*, podemos ver pontualmente o quanto Satã provoca a sua própria ruína por causa do orgulho e da vanglória. Mas, mesmo neste momento inicial do *PP*, já vemos como Satã apresenta um comportamento negador dos fatos:

(...) and till then who knew
The force of those dire arms? yet not for those,
Nor what the potent victor in his rage
Can else inflict, do I repent or change,

Though changed in outward lustre, that fixed mind
And high disdain, from sense of injured merit,
That with the mightiest raised me to contend.
[*PP* I, vv. 94-9)]

Quem suas armas crera assim terríveis?
Eu contudo, apesar delas, das penas
Que o vencedor irado ouse infligir-me,
Da ação não me arrependo, e meus projetos
Mudança não terão; inda que esteja
O meu lustre ext'rior ora mudado,
Eu na mente gravado o rancor guardo
Do mérito ultrajado que me erguera
[trad. Targini]

Vendo a si mesmo como uma espécie de herói e sendo retratado como tal nos dois primeiros livros do *PP*, Satã nega a própria degeneração ao longo dos poemas. As cenas de (falta de) reconhecimento ligadas à sua figura podem ser consideradas pelo leitor como uma retomada bastante sofisticada de uma temática clássica por Milton, embora, como salienta Emily Wilson, Tasso tenha operado algo de maneira semelhante em algumas situações de *Jerusalém libertada*, e antes dele, Dante, e antes ainda, Virgílio. Satã, por mais que suceda vitorioso em provocar a queda de Adão e Eva no final do *Paraíso Perdido*, não reconhece a onisciência do Deus-Pai, adversário insuperável, que já prevê desde o início o plano criado pelos demônios e a reviravolta com a vinda do Messias, que recolocará o Paraíso ao alcance dos humanos. Podemos refletir, portanto, na possibilidade de o *PP* sustentar como um de seus pilares temáticos centrais a problematização da "mudança" sofrida tanto por Adão quanto por Satã. Mas, longe de serem duas figuras equivalentes, vemos Adão causando a tragédia conscientemente, aceitando-a e sofrendo o arrependimento, que o levará à ascese pela reconquista do Messias, e Satã, que igualmente causa a própria queda, mas pela vanglória e pelo orgulho (mesmos motivos pelos quais Eva cai em tentação), não reconhece a si mesmo como subjugado à glória divina e, consequentemente, mantém o seu estado degenerado, enganando a si mesmo e a todos os Caídos sobre o qual reina. Concluímos, assim, que a "desobediência" sobre a qual a voz do poeta discorre logo de início, como sendo causa da Queda de Adão e Eva, é também a causa da Queda de Satã e de sua perene desgraça.

Sobre a criação e a concepção do *Paraíso Reconquistado*, uma coisa é certa: sua temática está anunciada na proposição de abertura do *PP*. É possível ver que a "reconquista" está planejada desde o princípio, embora não aconteça durante o *PP*:

With loss of Eden, till one greater Man
Restore us, and regain the blissful seat,
[*PP* I, vv. 4-5]

Com a perda de Éden, té que um outro homem
Maior nos restaurasse a posse dele
[trad. Targini]

É o que nos diz o poeta na proposição de abertura do poema. Apesar de não se tratar de um acontecimento contido no *PP*, é um importante vislumbre de esperança no cenário derrotado em que se encontram Adão e Eva após a Queda, descrito pela fala de Miguel a Adão no livro XII:

To whom thus Michael. Dream not of thir fight,
As of a Duel, or the local wounds
Of head or heel: not therefore joynes the Son
Manhood to God-head, with more strength to foil
Thy enemie; nor so is overcome
Satan, whose fall from Heav'n, a deadlier bruise,
Disabl'd not to give thee thy deaths wound:
Which hee, who comes thy Saviour, shall recure,
Not by destroying Satan, but his works
In thee and in thy Seed: nor can this be,
But by fulfilling that which thou didst want,
Obedience to the Law of God, impos'd
On penaltie of death, and suffering death,
The penaltie to thy transgression due,
And due to theirs which out of thine will grow:
So onely can high Justice rest appaid.
[*PP* XII, vv. 386-401]

Miguel então lhe torna: ser não penses
Esse combate qual fatal duelo,
Nem julgues tais ataques locais serem
À cabeça ou ao pé. A humanidade
À Divindade unir não há-de o Filho
Por vencer pela força o seu Imigo,
Que assim não fora Satanás vencido,
Cuja queda do Céu mais duro golpe
Para ele foi, sem o privar de dar-te
A ferida mortal, que curar deve,
Vindo já triunfante, o Rei Messias
Como teu salvador, não pela morte
De Satanás, mas sim pela ruína
Das obras que ele em ti formado tinha
E em toda tua longa descendência.
Mas isto só lugar terá no tempo
Em que ele aqui na Terra cumprir venha
De Deus a lei, que tu não tens cumprido,
E que dada te foi com mortal pena,
Sofrendo esta a que estavas condenado
Pela desobediência transcendente
Àqueles que de ti nascido forem,
Pois que a suprema divinal Justiça
Assim só satisfeita ser pudera.
[trad. Targini]

Isso indica que, embora não tenhamos essa evidência concreta de que Milton estivera planejando a continuação do poema desde o começo, ainda assim a temática do retorno do Filho-Cristo para a purgação dos pecados humanos já era objeto de reflexão do poeta antes da composição propriamente dita do *PR*. Assim, embora Thomas Ellwood[8] apresente a "legítima" versão de que por sua sugestão ocorrera o nascimento do *Paraíso Reconquistado*, podemos também observar que Milton nos deu vários indícios de acontecimentos posteriores ao seu poema maior, que poderiam ainda culminar em uma continuação. E culminaram.

Em várias passagens, o *PR* faz menção ao trabalho antecessor. A mais notável está igualmente na abertura do poema:

> *I, Who erewhile the happy Garden sung,*
> *By one mans disobedience lost, now sing*
> *Recover'd Paradise to all mankind,*
> *By one mans firm obedience fully tri'd*
> *Through all temptation*
> [*PR* I, vv. 1-5]
>
> Eu, que há pouco o feliz Jardim cantei,
> Perdido em desobediência, canto
> Aos homens recobrado Paraíso,
> Provada a obediência de outro homem
> Por toda a tentação

---

[8] Mais informações sobre o caso: cf. NICOLSON, 1964.

O primeiro verso apresenta, portanto, um *link* imediato para o trabalho anterior, consistindo como que um aviso de continuação mesmo ao leitor mais desavisado. Tendo em mente este dado inicial, podemos partir para observar inúmeras referências do segundo poema (*PR*) ao primeiro (*PP*), que nos trarão não só elementos da continuação daquilo que foi proposto de maneira mais alusiva no trabalho anterior, mas também nos leva a enquadrar mais consistentemente o papel dos personagens neste novo poema, e como eles se relacionam com os fatos ocorridos no passado do *PP*.

É comumente questionada a memória de Jesus e de Satã com relação aos eventos da guerra divina no Céu e da Queda. Sobre a memória de Satã, não teremos dificuldades em observar o quão bem ele se lembra da dolorosa derrota para as forças do Filho de Deus. Mas, com relação à memória de Jesus, de sua vida anterior no Céu, é necessário um pouco mais de cuidado, tendo em vista que aquele espírito anterior foi "renascido" em forma carnal para morrer pelos homens e reconquistar o paraíso.

Sobre Satã, já pudemos ver nos trechos iniciais do poema:

well ye know
How many Ages, as the years of men,
This Universe we have possest, and rul'd
In manner at our will th' affairs of Earth,
Since Adam and his facil consort Eve
Lost Paradise deceiv'd by me
[*PR* I, vv. 47-52]

bem sabeis:
Por tantas eras quanto em anos vive
O homem, temos o Cosmo e governamos
A Terra e seus assuntos livremente,
Dês que Adão e sua doce esposa Eva
Enganados perderam o Paraíso,

E, pouco adiante, lembrando exatamente da derrota:

His first-begot we know, and sore have felt,
When his fierce thunder drove us to the deep;
[*PR* I, vv. 89-90]

Sofremos ao provar do primogênito
Quando em trovão lançou-nos ao abismo;

A temática bélica não é aludida neste poema senão por analogia ao embate intelectual que se dá entre Jesus e Satã. Embora os dois tenham lembranças, ou ao menos saibam da guerra celeste ocorrida no passado, nesta ocasião o que se dá é um enfrentamento ferrenho entre dois guerreiros do plano argumentativo. Em determinado momento do quarto livro, Satã, praticamente derrotado, é descrito pelo poeta como inerme:

> *but Satan now*
> *Quite at a loss, for all his darts were spent,*
> *Thus to our Saviour with stern brow reply'd.*
> [*PR* IV, vv. 365-7]

> mas Satã,
> Perto da perda, dardos mais não tinha,
> Com grave cenho ao Salvador falou:

No primeiro livro, Deus explica a Gabriel que envia voluntariamente Jesus ao deserto, de modo a testá-lo contra a Tentação de Satã. Nesse momento, alude à preparação espiritual como uma preparação para a guerra:

> *But first I mean*
> *To exercise him in the Wilderness,*
> *There he shall first lay down the rudiments*
> *Of his great warfare*
> [*PR* I, vv. 155-8]

> Mas primeiro intento
> Exercitá-lo no deserto, onde ele
> Deve estabelecer os rudimentos
> Da grande guerra

E, em momento imediatamente posterior, dizem os anjos do Céu em hinos que lembram um coro clássico:

and this the argument:
Victory and triumph to the Son of God
Now entering his great duel, not of arms,
But to vanquish by wisdom hellish wiles.
[*PR* I, vv. 172-5]

e eis seu argumento:
"Trunfo e glória ao Filho do Deus Pai
Que vai a grão duelo, não de armas,
E aos infernais ardis vença o saber.

Em alguns momentos pontuais, Milton faz a utilização dos sonhos em sono atribulado, como é frequente encontrarmos na épica clássica. Geralmente são ligados a Satã, que por sua vez é fortemente relacionado à cultura religiosa antiga. Ao mesmo tempo, retoma a temática do sussurro dos pecados no ouvido de Eva para tentá-la no *Paraíso Perdido*. Os seguintes versos do quarto livro retratam bem essa caracterização:

at his head
The Tempter watch'd, and soon with ugly dreams
Disturb'd his sleep;
[*PR* IV, vv. 407-9]

da cabeceira
O Tentador lhe guarda o sono e sonhos
Traz maus, perturbadores:

Devemos atentar para o fato de que, retomando elementos da épica clássica, da religião e da filosofia grega e atribuindo-os a Satã, o poeta faz uma apologia do cristianismo por meio da *ataraxia* de Jesus frente às inúmeras tentações. Além disso, é recorrente o rebaixamento da "glória" terrena pelo Filho divino, já que, segundo ele, a única e verdadeira glória é a provida pelo Deus Pai. Satã corrobora essa glória divina ao falar de Jesus aos seus companheiros:

Who this is we must learn, for Man he seems
In all his lineaments, though in his face
The glimpses of his Father's glory shine.
[*PR* I, vv. 91-3]

Devemos aprender quem é, pois homem
Parece em seus contornos, mas na face
Brilha fugaz a glória do Deus Pai.

Jesus, por outro lado, condena a "glória vã" procurada pelos homens, e, se pensarmos em termos de épica clássica, procurada acima de tudo pelos heróis homéricos, vemos o quão contundente é a afirmação do Filho:

For what is glory but the blaze of fame,
The people's praise, if always praise unmixt?
[*PR* III, vv. 47-8]

E o que é a glória
Senão fulgor da fama, pois que o povo,
Sem diferença, qualquer homem louva?

'hast thou seen my servant Job'
Famous he was in Heaven; on Earth less known,
Where glory is false glory, attributed
To things not glorious, men not worthy of fame.
[*PR* III, vv. 67-70]

'Tu viste o servo Jó?'
Famoso era no Céu; na Terra menos,
Onde tal glória é falsa glória, dada
Aos inglórios que fama não merecem.

A temática épica, embora recorrente no *Paraíso Reconquistado*, é continuamente contestada ou reformada por Milton. O que pode ser glorioso e digno de ser contado nos poemas épicos anteriores, principalmente nos da tradição clássica, torna-se aqui fútil e desvalorizado frente à "reconquista" do Éden cristão pelo Filho-Messias-Mártir. Fica evidente o quanto o *PP* é mais passível de ser "encaixado" dentro de determinados moldes da poesia épica. O diálogo com a épica renascentista, como brevemente já abordamos, é intenso. De certo modo, temos no *PR* um épico que continua um épico, mas que consiste ao mesmo tempo em um antiépico. Uma recusa de valores consagrados dentro da tradição por um Messias que modifica a sua própria essência para uma "reconquista" purgada de toda e qualquer tentação ou pecado. Milton compreende, neste poema de apenas quatro livros, um tipo de aprisionamento de toda a cultura chamada "pagã" na figura de Satã. Embora Jesus represente, por meio de analogias, um guerreiro que se prepara para a batalha, ele é ao mesmo tempo aquele que renega toda a necessidade de um enfrentamento corporal. Jesus representa aqui, portanto, um personagem também baseado na ideia de "mudança", pois passa pela maior das provações e sai como um discípulo completamente formado nas atribuições do Deus Pai; enquanto Satã é novamente derrotado e, muito ilustrativamente, "cai" a sua segunda Queda, "como o monstro tebano que propunha o enigma" (*PR* IV, vv. 572-5), dessa feita para perder de vez o seu reino terrestre. Assim como muda a figura do Deus-Filho para a figura do Jesus Cristo terreno, muda a poesia épica de Milton, dentro de um molde que ousou valorizar muito mais o embate filosófico e o dialogismo do que as viagens marítimas, as peripécias e as batalhas. Por fim, nos momentos finais do poema, temos a prova de que Jesus é de fato o Filho do *PP* que expulsou o exército de Satã do Céu.

Embora ele mesmo pareça não se lembrar dos fatos, o coro de anjos nos diz o seguinte, provando que, embora completamente diferente em termos de caracterização (gloriosa, vale lembrar), este é o mesmo Jesus, e a grande mudança não requer mais os mesmos meios de outrora:

him long of old
Thou didst debel, and down from Heav'n cast
With all his Army, now thou hast aveng'd
Supplanted Adam, and by vanquishing
Temptation, hast regain'd lost Paradise,
And frustrated the conquest fraudulent:
[*PR* IV, vv. 604-9]

há tempos
Enfrentaste, lançaste Céu abaixo
Com todo seu exército e vingaste
Vencido Adão, venceste a tentação;
Reconquistas perdido Paraíso,
Que a fraude da conquista tu frustraste

REFERÊNCIAS BIBLIOGRÁFICAS

BAKHTIN, Mikhail. *Problems of Dostoevsky's Poetics*. Minnesota: University of Minnesota Press, 1984.

BERMAN, Antoine. *A prova do estrangeiro*. Bauru: EDUSC, 2001.

CAMPBELL, Gordon; CORNS, Thomas N. *John Milton*: Life, Work and Thought. Oxford: Oxford University Press, 2008.

ÉSQUILO. *Tragédias*. Estudo e tradução de Jaa Torrano. São Paulo: Iluminuras, 2009.

GALINDO, Caetano Waldrigues. *Abre aspas*: a representação da palavra do outro no Ulysses de James Joyce e seu possível convívio com a palavra de Bakhtin. 2006. Tese (Doutorado em Semiótica e Linguística Geral) – Faculdade de Filosofia, Letras e Ciências Humanas, Universidade de São Paulo, São Paulo, 2006.

HALL, Edith. The Sociology of Athenian Tragedy. In: EASTERLING, P. E. *The Cambridge Companion to Greek Tragedy*. Cambridge: Cambridge University Press, 1997.

HANFORD, James Holly. *A Handbook to Milton*. New York: Apple-Century Crofts, 1926.

HUNTER, R. L. *A Comédia Nova da Grécia e de Roma*. Organizador da tradução Rodrigo Tadeu Gonçalves. Curitiba: Editora UFPR, 2010.

KILGOUR, Maggie. New Spins on Old Rotas: Virgil, Ovid, Milton. In: HARDIE, Philip; MOORE, Helen. *Classical Literary Careers and their Reception*. Cambridge: Cambridge University Press, 2010.

KNOPPERS, Laura Lunger. "England's Case": Contexts of the 1671 Poems. In: MCDOWELL, Nicholas; SMITH, Nigel. *The Oxford Handbook of Milton*. Oxford: Oxford University Press, 2009.

LAGES, Susana Kampff. *Walter Benjamin* – Tradução e Melancolia. São Paulo: EDUSP, 2002.

LEFEVERE, André. *Tradução, reescrita e manipulação da fama literária*. Bauru: EDUSC, 2007.

MCDOWELL, Nicholas; SMITH, Nigel. *The Oxford Handbook of Milton*. Oxford: Oxford University Press, 2009.

MILTON, John. *Complete Poems and Major Prose*. Edited by Merritt Y. Hughes. New York: Macmillan, 1957.

__________. *Paraíso perdido*. Tradução de Antônio José de Lima Leitão. São Paulo: W. M. Jackson inc. Editores, 1960. [Clássicos Jackson v. 13].

__________. *Paraiso perdido, poema heroico de John Milton; traduzido em vulgar pelo Padre José Amaro da Silva, Presbytero Vimaranense. Com o Paraiso Restaurado, poema do mesmo author, e notas historicas, mythologicas & c. de M. Racine*. Nova Edição. Lisboa: Typographia Rollandiana, 1830.

__________. *Paradise lost*. Edited with an introduction and notes by John Leonard. New York: Penguin, 2000.

__________. *Poemata*: poemas em latim e em grego. Organização e tradução de Erick Ramalho. Belo Horizonte: Tessitura, 2008.

__________. *O paraiso perdido, poema epico de João Milton, traduzido em verso portuguez por Francisco Bento Maria Targini*. Paris: Typographia de Firmino Didot, 1823.

MILTON, John prof. Translated Poetry in Brazil 1965-2004. *Revista Brasileira de Linguística Aplicada* (FALE-UFMG), Belo Horizonte, v. 4, n. 1, p. 173-193, 2004. Disponível em: <www.periodicos.letras.ufmg.br>. Acesso em: 15 de junho de 2014.

NICOLSON, Marjorie Hope. A *Reader's Guide to John Milton*. London: Thames and Hudson, 1964.

POUND, Ezra. *Literary Essays of Ezra Pound*. New York: New Directions, 1968.

QUINT, David. *Epicand Empire*: Politics and Generic Form from Virgil to Milton. Princeton: Princeton University Press, 1993.

ROGERS, John. "Paradise Regained" and the Memory of "Paradise Lost". In: MCDOWELL, Nicholas; SMITH, Nigel. *The Oxford Handbook of Milton*. Oxford: Oxford University Press, 2009.

SHELLEY, Percy Bysshe. *Sementes aladas*: antologia poética. Organização e tradução de Alberto Marsicano e prof. John Milton. São Paulo: Ateliê, 2010.

__________. *Shelley's Poetry and Prose*: A Norton Critical Edition. Edited by Donald H. Reiman and Neil Fraistat. New York: Norton Press & Co., 2007.

TEZZA, Cristóvão. *Entre a prosa e a poesia*: Bakhtin e o formalismo russo. Rio de Janeiro: Rocco, 2003.

WILSON, Emily. Quantum mutatus ab illo: moments of change and recognition in Tasso and Milton. In: CLARKE, M. J.; CURRIE, B. J. F.; LYNE, O. A. M. *Epic Interactions*: Perspectives on Homer, Virgil, and the Epic Tradition Presented to Jasper Griffin. Oxford: Oxford University Press, 2006.

ILUSTRAÇÕES:

Illustrations to Milton's "Paradise Regained", c. 1816-20 (Fitzwilliam Museum): electronic edition by http://www.blakearchive.org/blake

SOBRE OS TRADUTORES

GUILHERME GONTIJO FLORES

(Brasília/DF, 1984), poeta, tradutor e professor de Língua e Literatura Latina na Universidade Federal do Paraná (UFPR). Lançou traduções de *As janelas, seguidas de poemas em prosa franceses*, de Rainer Maria Rilke (2009, Ed. Crisálida, em parceria com Bruno D'Abruzzo); *A anatomia da melancolia*, de Robert Burton (2011-2013, 4 vols., Ed. UFPR, ganhador do 57º Prêmio APCA 2013 e 1º lugar do 56º Prêmio Jabuti de Tradução 2014); *Elegias de Sexto Propércio* (2014, Ed. Autêntica) e *O burlador de Sevilha*, atribuído a Tirso de Molina (no prelo, Ed. Autêntica). Publicou os poemas de *brasa enganosa* (2013, Ed. Patuá, finalista do prêmio Portugal Telecom) e do poema-site *Tróiades* (www.troiades.com.br). É editor do blog coletivo e revista impressa *escamandro* (www.escamandro.wordpress.com). Coordenador da equipe de tradução que assina este trabalho.

ADRIANO SCANDOLARA

(Curitiba/PR, 1988) é mestre em Estudos Literários pela Universidade Federal do Paraná (UFPR), tendo traduzido e pesquisado a poesia do romântico inglês Percy Bysshe Shelley, cujo longo poema *Prometeu Desacorrentado*, em tradução inédita em português, deverá ser publicado em 2015. Traduziu o romance

Deuses sem homens, do autor britânico Hari Kunzru (Ed. Nossa Cultura, 2013), e o livro de crítica literária *O gênio não original*, de Marjorie Perloff (Ed. UFMG, 2013), além de ter colaborado em revistas como *Arte & Letra: Estórias, Eutomia, Mapa, Serrote* e *Coyote*. É coeditor do blog e revista *escamandro* (www.escamandro.wordpress.com).

BIANCA DAVANZO

(Curitiba/PR, 1989) é formada em Letras pela UFPR e trabalha com ensino de língua inglesa no Centro de Línguas da UFPR desde 2013.

RODRIGO TADEU GONÇALVES

(Jaú/SP, 1981) é mestre e doutor em Letras pela UFPR e pós-doutor pelo Centre Léon Robin de Recherche sur la Pensée Antique do Centre National de Recherche scientifique (CNRS), de Paris. É professor de Língua e Literatura Latina na UFPR desde 2005.

VINICIUS FERREIRA BARTH

(Curitiba/PR, 1986) é mestre em Estudos Literários pela UFPR, tendo traduzido e comentado o primeiro canto da épica helenística *As Argonáuticas*, de Apolônio de Rodes. Foi coeditor da revista de poesia, tradução e crítica *escamandro* e atualmente edita a revista virtual de arte e cultura *R.Nott Magazine* (www.rnottmagazine.com).

COLEÇÃO
CLÁSSICOS
DA CULTURA

COLEÇÃO CLÁSSICOS DA CULTURA
Coordenação: Bruno Silva D'Abruzzo

Direção Editorial:
Mirian Paglia Costa

Produção:
Helena Maria Alves

Capa, projeto gráfico & Ilustração da capa:
Leonardo Mathias

Preparação de textos & Revisão de provas:
Bruno Silva D'Abruzzo
PagliaCosta Editorial

Formato: 16 x 23 cm
Mancha: 10 x 17 cm
Tipologia: TeX Gyre Schola
Papel: Pólen Soft 80g (miolo)
Couché 90g (imagens)
Cartão 250g (capa)
Páginas: 304

Impresso no Brasil
Printed in Brazil

MISTO
Papel produzido a partir
de fontes responsáveis
FSC® C169512